Die LYRIKEDITION 2000, begründet von
Heinz Ludwig Arnold, wird von Norbert Hummelt
herausgegeben

Das Buch

Der vorliegende Lyrikband von Thomas Kunst ist kunstvoll, das steht außer Frage. Er ist aber auch in einer geglückten Mischung geheimnisvoll und erzählend.

Die schöne Sprache will sich hier nicht selbst genügen, sondern beschreibt immer wieder elementare Erlebnisse wie früheste Kinheitserinnerungen, die Trennung von einem geliebten Menschen oder zeigt in Metaphern, wie sich der Mensch vom Tier unterscheidet und doch mit ihm verwandt ist. Zugegeben, es könnten sich hierbei auch um Ausschnitte aus einem Roman oder Film handeln, so treffend sind diese in Szene gesetzt. Die oft eingesetzte Ansprache des lyrischen Ichs an sein Du vermag es, dass dem Leser viele Sätze vertraut vorkommen.

Thomas Kunsts Gedichte sind eine Bereicherung und arbeiten mit verschiedenen kulturellen Anleihen und Bewusstseinsebenen. Filmbilder, Erinnerungen, Träume, Déjà-vus, Verliebtheitszustände, werden in wunderbarer Weise aktiviert.

Der Autor

Thomas Kunst wurde 1965 in Stralsund geboren und ging 1987 nach Leipzig, um Pädagogik zu studieren. Er ist seit 1987 Bibliotheksmitarbeiter der Deutschen Bücherei, Leipzig. 1996 erhielt er den Dresdner-Lyrikpreis und war 2003 Stipendiat der Villa Massimo in Rom. Veröffentlichungen u.a.: »Besorg noch für das Segel die Chaussee« (1991), »Was wäre ich am Fenster ohne Wale« (2005), »Sonntage ohne Unterschrift« (2005).

Thomas Kunst

Der Schaum und die Zeichnung vom Pferd

Gedichte

LYRIK
EDITION
2000

Erschien erstmals 1998 im Kowalke & Co. Verlag, Berlin.
Weitere Informationen über den Verlag und sein Programm unter:
www.lyrikedition-2000.de

Gefördert von Books on Demand, Norderstedt

Bibliografische Information der Deutschen Nationalbibliothek:
Die Deutsche Nationalbibliothek verzeichnet diese Publikation in der
Deutschen Nationalbibliografie; detaillierte bibliografische Daten
sind im Internet über http://dnb.d-nb.de abrufbar.

© 2008 LYRIKEDITION 2000 in der Buch&media GmbH
Umschlaggestaltung: Buch&media GmbH, München
Herstellung: Books on Demand GmbH, Norderstedt
Printed in Germany
ISBN: 978-3-86906-002-6

*Und ich hörte wie die Menschen zu
Ihren Geräten sagten das Meer das
Meer soll nicht länger unser
Bestimmer sein aber wir haben uns
Vergeblich darum bemüht es
Endlich für immer hinter uns zu
Lassen erst als wir damit beginnen
Wollten alle Bücher Filme und
Musiken abzuschaffen in denen das
Meer eine Rolle spielt begriffen wir
Dass auch alles andere schon
Unaufdringlich mit jeglicher Form
Von Wasser infiziert war jeder
Briefschädel jede
Schultertrennung jede noch so
Geriffelte Fieberschöpfung Gott
Fühlst Du Dich noch leer an
Harmlos getrocknete Schwellung
So dass wir plötzlich Scham davor
Empfanden den Autoritätsverlust
Des Meeres schon den Geräten
Anvertraut zu haben ich sehe sie
Schon vor mir wie sie hochmütig
Und voller Stolz versuchen uns
Einen soliden vereinfachten
Norden zu ermöglichen.*

NIZESER APATHIE. Nur noch den Falter
Totmachen über der Tür. Es ist kein Falter. Nur
Ein Spalt. Nenn es, wie du willst. Aber mach es
Mit Liebe. Benenn es nach einer Musik, in der
Schon die engen, abgezählten Nerven eines
Einzigen Instrumentes reichen, die lähmende
Geometrie einer Berührung zu beschreiben.
Nenn dieses Stück nach den letzten beiden
Briefuntergängen der wirklichen See. Nenn es
Yonefa und Wellesch. Nur noch den Spalt
Totmachen über der Tür. Es ist keine Tür. Nur
Eine Fortbewegungsart der Hauswand. Die
Geschichte der Einzelzimmer ist auch immer
Die Geschichte der Novelle am Fenster, le bois
Mouillé. Die Geschichte eines leeren
Holzorgans. Wer kommt. Wer geht. Und wer
Noch genügend Müdigkeit hat, den Schaum
Und die Zeichnung vom Pferd nur im Tanz
Auszuhalten. Nenn es, wie du willst. Denn es
Bleibt das gleiche, braunrote Material der
Dämmerung, das du zwischen den
Auflodernden Muskeln der Bäume immer für
Güterwaggons gehalten hast, die Geräusche von
Güterwaggons, so ein Schleifen aus eckigem
Cognac und Kupfer. Nur noch die
Güterwaggons totmachen. Es sind keine
Güterwaggons. Wie oft noch. Es sind keine
Bäume, le bois mouillé, die brauchst du doch
Nur, damit Waggons dahinter überhaupt erst
Möglich werden, die Muskeln, die Falter, die
Züge, der schwere, matschige Rost von Pferden,
Die wirkliche Küste. Nur noch den Staub
Totmachen über der Tür, den Schaum, den
Staub. Es ist keine Tür, nur ein aufrechtes,
Seitliches Rauschen.

I

Indianische Novelle

*Junge Frau, dürfte ich ihren
Handschuh begleiten. Ja,
Aber nur bis über die Uhr.*

*Habe ich dir nicht eben
Gesagt, du möchtest dein Haar
Anhalten und die Straße mit dem
Französischen Fisch.*

*Das mit den Lippen kannst
Du so lassen, das mit
Dem Ledergestell auch.*

Navalén

Liou

Etherea

Derevona

Efanie

WER KOMMT HIER ALLES VOR. Navalén
Kommt vor. Ein Fluss kommt vor. Wenn
Jemand, der nicht da ist, in der Nähe wäre, käme
Auch er vor. Aber so ist es einfacher zu merken.
Navalén. Fluss. Fluss. Navalén. Was mit dem Fluss.
Gelb. Ocker, der Schlamm deiner
Oberbeine. Was an Klüftungscreme. Und was
Mit dem Himmel. Was Himmel. Was Himmel.
Sackt runter. Stößt Kronen. Was Rehtuch mit
Münzen. Was mit Navalén. Navalén singt. Von
Bäumen, die träumten, nur weil sich der Fluss in
Ihnen hochzog, sie könnten Fischpfähle sein.
Doch was aufbewahrt werden soll, hält sich
Auch ohne Holz in der Luft.

WAS DIE STÄDTE WOHL SIND. Was mit
Dolden und gewaschenem Holz. Was mit
Vergeblicher Zimmermitte. Aber so treu und
Schief schäumt nicht mal Licht an den
Gelenken. Wer ist eigentlich Nizza. Ist das was
Mit liegen. Immer ist es was mit Rücken, wenn
Die Augen endlich an der Reihe sind. Bäume,
Laternen, Hauseingänge. Ich brauche immer
Was zum Zählen. An den Seiten. Damit ich
Weiß, ab wann ich dich anfassen kann. Stell
Laternen in den Flur. Ohne Laternen brauchst
Du gar nicht erst zu kommen. Stell sie auf. An
Der vierten sage ich es, weil, es sind nur drei.
Mehr konntest du nicht tragen. (verstehe.) Ich
Hätte noch nicht mal von ihnen verlangt, dass
Sie leuchten. Sie hätten nur aufrecht, zu viert,
Hintereinanderstehen müssen. Ohne Helligkeit
Zu verschütten. Nur zum Zählen. Aber
Vielleicht doch lieber fünf. Treu und schief.
Denn nur das Vorletzte neigt immer zu Milch
Und adieu es war schön an den Gelenken.

UND DIE HAARSTRÄHNE, dieser eine
Zierliche Halbierungsfetzen, schmale,
Bleiche Stücke Navalén,
Bleibt das eine egoistische Detail,
Das ich vor anderen gelten lass,
Beim Themenabend Klassische Musik,
Im engeren Kreis.
Konntest du ihre Lücke schließen,
Jeróme.

WAS ICH KEINEM WÜNSCHEN WÜRDE,
Nachts, wenn die Frauen gerade dazu neigen,
Wirkliche Nässe zu demonstrieren, nur noch
Ihr beide, du und das Sozialrosa einer
Gehauchten, halbvertrockneten
Busbeleuchtung.

Sei mal leise ich höre
Schritte. Sei mal leis. Wir
– Du zerreißt deine Silbernkette
Gibst mir das ungefähr gleichlange
Ende –
Sind Komplizen des Abschieds. Jeder auf
Seine Weise. Selbst, wenn ich dein
Umdrehen mit meinem Rücken zerstöre.

Mache dir bitte keine Sorgen, Liou,
Wegen der Kinder. Sie sind gegen Pocken
Geimpft und haben unsere Nummern, wenn die
Großstadt zu dicht an ihren Brustkorb
Heranrutscht.

Ethereas gottverlassenes Haar.
Niedergespannt, flachgeschäumt, zugezogen
Mit Blütenholz, war das einzige Wesen in diesen
Lappigen, tschechischen Absteigerosen, das nie
Nach unten ablief, wie all die anderen mittleren
Substanzen, die sich immer zu früh und trübe
Von den Körperzacken ins rosa Gewühl der
Eingeweide bogen. Deine Rückfront trübe, zu,
Zu früh, Therea. Dein Nacken eine
Porzellanpflanze ohne Porzellan. Dein
Blickangebot ein Blick ohne Angebot.
Zwischen den schmeichelhaften Avancen
Einiger Herren aus der Industrie, die nach
Aufforderung sogar F wird an dieser Stelle zu
Fis von sich geben würden. Ethereas
Gottverlassenes Haar war an diesem Abend das
Einzige Wesen weit und breit, dem es auf
Anhieb gelingen konnte, ihre Schultern wieder
Zu den schmächtig getönten Anführern meines
Heimwegs zu machen. Therea, das mit Brust
Lass. Ich rufe uns was. Letzten Endes wildes,
Industriell unberührbares Dekolleté. Wenn dein
Kleid stirbt, unterwegs, macht nichts. F wird an
Dieser Stelle Fis, aber das Taxi von der Brücke
Bleibt das Taxi von der Brücke.

EINE GRUPPE FRAUEN AM BRUNNEN. Beim
Feuchtreiben eines Schlüsselbundes. Schlechtes
Blut in der Mitte. Wilder Reißverschluss
Beinahe. Ich habe noch nie hellbraunes Blut
Gesehen. Zum Staunen reicht es. Denn das
Schlüsselbund hat Lederbündel an den Füßen.
Es scheint nicht von hier. Denn hier nur Lehm
Und Laub und Halm. Nasses, theoretisches
Laub. Kein Rascheln. Kein Stein. Kein
Gefrorenes Gras. Für so junges, trockenes
Klicken. Es scheint nicht von hier.
Sag mal Arizona.
Orizonta.
Sie fanden es zwischen den Pferden. Eng an die
Hufe gelehnt. Es wollte nur ein wenig in den
Süden und ist dabei eingeschlafen. Denn alles,
Was schon schläft, ist nicht mehr da.

GIB DEINEN AUGEN DAS LETZTE GEGEN
Fünf. Denn ich kenne ihre Vorliebe für Blicke
Mit deutlichem Übergewicht. Versuch keine
Nässenden Tiere auf Anhieb. Mit oder ohne,
Mit. Und gib deinen Augen das letzte gegen
Fünf. Denn alles, was danach kommt, wird sich
In deinem Unterleib als ovales Gedächtnis
Ansammeln, das wieder schlank werden muss.
Strähnig, hin und und hin, Lendenamaretto
Etwa, Badebeinscheitel bei Efanie. Und kein
Tönungsleib, der sich dir in den Weg stellt. Zu
Dem du sagen kannst. Könntest aber
Wenigstens versuchen zu sagen. Sei mein eines
Enges Blut. Sei meine einzige aufgebogene
Krankheit. Aber gib deinen Augen das letzte
Gegen fünf. Versuch, meine Finger zu fangen.
Sie sind unterwegs zu den Wangenknochen.
Doch du wirst nicht mehr alt und fängst nur.
Die Hand.

So kenne ich dich gar nicht. Im Hafen
Tauschen wir zwei Schachteln Gauloises. Gegen
Eine frische Portion Silber. Die wir ins Fenster
Legen. Bis die Farbe stumpf wird. Du legst den
Fisch. Er lebt nur noch wenig. Jetzt so auf das
Fensterbrett. Dass die Jalousie. Ohne zu
Knallen. Ohne viel Helligkeit zu verspritzen.
Weich und sogar schon ein wenig. Über dem
Fensterbrett aufhören kann.

II

KANTON ORYDIDE

Weißt du, wovon Wasser am
Wenigsten älter wird. Du
Nimmst ein Stückchen Schweiz
Und hältst
Es unter die Leitung.

Zweierlei Gelb, Fräulein
Von Hildengaard, denn ihr
Wattestäbchen im Besteckkasten
War doch unten noch gut.

ICH SEHE DIR GERN BEIM NACHDENKEN
Zu. Wenn du die Asche deiner Zigarette nur bis
Weit vor das Mundstück sammelst. Bei einem
Musiktitel, der immer noch gilt. Wenn deine
Augen das Zimmer nach hinten verlassen. Und
Unterwegs sind in ein anderes Zimmer. In einen
Saal. Auf einen Vordersitz. Bei einer Musik, die

Immer noch gilt. Über die Dörfer. Über die
Brücken am Gaswerk. Über ein lasches
Rosengeländer. Ich sehe dir gern beim
Nachdenken zu. Wenn deine Augen das
Zimmer nachhinten verlassen. Und unterwegs
Sind. In eine andere Musik. Die immer noch
Gilt. Weit,

Über die gelben Gasgeländer. Den
Flimmernden, aufgelösten Laubfetzen. Tief
Über dem Wälderbruch. Wo das Wasser orange
Die Küste nach innen dehnt. Wo die flüssigen
Parks in eine unbetretene Hotelsaison treiben.
Was tust du da. Lass den Kanal liegen. Ich kann
Nur richtig an ihn denken, wenn ich weiß, wo
Er vorher war.

Auf einem Vordersitz, bei einem
Musiktitel, der noch immer gilt.
Aber lass den und lass den
Kanal liegen. Ich seh dir auch gern
Beim Nachdenken zu. Wie jetzt,
Lass den Kanal liegen. Ich seh dir
So gern beim Nachdenken zu.

MACH, DASS DEIN HAAR IN DER BÜRSTE
Bleibt. Es war nicht so tief gemeint, wie ich es
Getrunken habe. Sei bitte so schlau und zieh
Dir, wenn du frierst, nicht das kleine, hintere
Zimmer über, in dem noch jemand für dich
Sitzt.

IHRE RECHTE HAND LAG LEICHT AUF
Der mittelhohen Balkonschale. Sie war so
Wunderbar leer. Von verpflichtenden Ringen.
Ich sehe zwar sonst nie zuerst auf die Hände.
Und so zerstörte ich. Weil es mir nicht rasch
Genug ging. Mit der Löffelspitze. Den
Zuckerklumpen auf dem Grund. Sonst trinke
Ich den Kaffee mit weniger Gewese. Aber
Trotzdem ließ sich. Ihr Blick. Von diesen
Geräuschen nicht ansaugen. Ich erinnere mich
Genau. Die Ladenfrau von der Drogerie
Schlüters und Söhne sagte. Grüßen sie ihren
Dominostein, Fräulein Hildengaard.

SIE KÖNNEN OHNE FREMDE HILFE AUF
Dem Wasser stehen. Die abgestorbenen
Schiffe von Montreux. Wenn du sie
Nur mal nicht zu wichtig nimmst.
Die Wolken halten ihre Höhe
In den See. Ich würde dich nicht
Hindern, wenn du in die Berge
Schwimmst. Sortie, sortie, wie
Geht Französisch auf,
Auf Wiedersehen.

                       für B. Würffel

Diese Knöchelhitze wirklich nie
In einer Metro in den Mund
Nehmen. Ihre Pumps
Zergingen vor Ouchy.
Nur das gehört
Zu meinen Grundthemen.

LAUSANNE-OUCHY. Schweizer Wespen sind
Ungefährlich. Ich sah eine auf mich zufliegen,
Wollte sie streicheln. Sie war verunsichert und
Ging in die Alpen, vom See aus, mit ihrem Fell,
Direkt in die
Alpen, Flieger, die Erinnerungen sind
Verquollen, der See hat nicht das Zeug nur
Für Sekunden, der Schnee platzt, Felsen
Ziehen ihre Runden, die Kalkgerüste
Angeschwollen, meine traurige, geriffelte
Wespe, dein ganzes, kleines
Gift macht nur die Berge eng, gegen so ein
Wasser ist kein Schiff zu lang, dein Fußgelenk
Berühre ich kaum, weil ich an dich
Denk, ich könnte nichts ertragen,
Was ich nicht richtig kann.

WEISST DU WOVON WASSER. Am wenigsten
Älter wird. Das betrifft zwar nicht jeden.
Vielleicht nur jemanden, der selber schriebe, das
Wäre schon viel wert. Du nimmst ein Stückchen
Schweiz. Und hältst es unter die Leitung. Einen
Klumpen Bern. Noch trocken vorher. Ohne
Flüsse dran. Vielleicht als Außenkante eine
Monbijouallee. Aber nicht weitersagen. Schiefe,
Gewaschene Pferde, ozeanische Knöpfe, ihre
Augen, glasierte Konfiserien, frischer
Dombruch mit Kugeln, eine Handvoll
Geschwommener mit immer den Flüssen,
Kippte vornüber auf die Autobahn, bleibt nur,
Der Mittelstreifen bliebe unversehrt. Hab ich
Vorhin nicht gesagt. Ein Klumpen ohne Flüsse.
Ferntransporter ohne Horizonterfahrung.
Versickern dort hinten anhand der Tiefe. Wie
Unsere cantonenen Sätze, über die wir beim
Schreiben noch, reden.

ABER EINER DEINER KRIEGER konnte sich
Das Meer nicht vorstellen. Deshalb riss er so
Viele unterschiedliche Flüsse aus ihren
Schächten, wie er tragen konnte und legte sie
Nachts auf einem unbewachten Parkplatz
Nebeneinander. Sie schwappten ein wenig über
Den Rand. Aber wurden nicht richtig eng
Zueinander. Es gab ernste Rivalitäten zwischen
Ihnen. Zum Beispiel lag ein breitkrempiger
Fluss, der im Notfall bestimmt sogar einen
Umgestoßenen Wald tragen konnte, neben
Einem, der schon immer dünn und unbenutzt
Vor einem Drachenfeld auf eine echte Chance
Gewartet hat. Aber einer deiner Krieger konnte
Sich das Meer nicht vorstellen. Er packte die
Flüsse, bündelte sie zu einem straffen Holm
Und schleuderte diesen an eine Hausfront. Aber
Einer deiner Krieger konnte sich jetzt
Wenigstens eine Welle in der Ausbildung
Vorstellen, braun, blank, hochgewaschen, mit
Ziegelgischt dran. Die Flüsse fielen in den
Straßen richtig auf, durch ihr ungelenkes,
Einheimisches Geschlenker. Aber Flüsse wirken
Hell und benommen, geistig verschlissen, wenn
Sie nicht mal mehr wissen, welcher der Schächte
Einmal wichtig für sie war.

WENN WENIGSTENS DEIN SCHATTEN,
Orydide, um Gottes Willen, flackere nicht so,
Ich weiß auch nicht, wem du damit Angst
Machen willst, du bist doch noch da, und
Flackere nicht so, davon wird dein Schatten
Ganz knautschig, ich spiele und du folgst mir,
Ich spiele aber so, als wärst du in meinem
Rücken schon gar nicht mehr da, das machen
Sänger so, das machen sie immer so, die Hände
Warm in ein Büschel Saiten gekrallt und dieses
Büschel schon beinahe heftig aus dem
Brustkorb ihrer Instrumente gebrochen,
Fortgerissen in die Richtung, in der ein Mangel
Ist, du bist doch noch da, aber lass uns weiter, es
Gibt doch so weit unten noch keine sinnlose,
Thrakische Hinwendung, keinen noch so
Monatsbesessenen, elegischen Lichtscheit,
Melch, Orydide, Melch, der einen Körper,
Schlaff, vom Rand her, wirklich löschen könnte,
Bloß nirgendwo haltmachen, nirgendwo
Einkehren, ich hasse Musik aus Gläsern, die
Steigt hoch, schimmert in den Augen, sortiert
Aus und glänzt am Ende den Leib an, der dir
Ohne diese Musik gar nicht aufgefallen wäre,
bloß nirgendwo haltmachen, dreh dich nicht
Um, weiter, weiter, nur, flackere nicht so, aber
Wenn dein Schatten immer so eng ist, werde ich
Dir später, im richtigen Licht, wirklich wehtun
Müssen, um Gottes Willen, lass die Dunkelheit
Deines Kleides nicht so hilflos an die Wände
Klatschen, das ist doch ein Kleid, Orydide,
Sonst hätte dieser Luftzug eben anders reagiert
Und den größten Teil deines Schattens an der
Wand untengelassen, ich weiß auch nicht, wem
du damit Angst machen willst, ich habe mal für
Eine Gruppe Bäume gespielt, sie sind mir
Gefolgt, bis der Boden steinig wurde und die
Felsen begannen, ich habe mal vor Felsen

Gespielt, sie sind mir gefolgt, bis das Wasser
Tiefer wurde und die Schiffe begannen, ich habe
Auch schon vor Schiffen gespielt, sie sind mir
Gefolgt, bis die See vor lauter Sand nicht mehr
Konnte und die Bäume begannen, eine Gruppe
Bäume, schräg und saftig an die Berge gelehnt,
Ich weiß auch nicht, wem sie damit wirklich
Angst machen wollten, ich spiele noch, du bist
Doch noch da, du bist doch noch da sagt etwas,
Du bist doch noch da sagt, die Felsen nehmen
Wohl gar kein Ende mehr, aber trage das diesen
Felsplatten nicht nach, sie meinen das mit ihrer
ständigen, aussichtslosen Wiederholung nicht
So, sie hören erst dann auf, wenn die Berge ihre
Abgestuften, knöchernen Frisuren zum
Abstützen in der Ebene aufsetzen, in der Ebene
Aufsetzen, weil mit den schroffen, sich ständig
Wiederholenden Felsplatten endlich Schluss
Sein muss, wenigstens von innen, Orydide,
Wohin die Berge draußen ihre Steinstrudel
Hängen, interessiert nicht, wenn wenigstens
Dein Schatten, in meinem Rücken, und halb an
Mir nach vorn gerückt, sich seitlich an die
Wände pressen würde, nur einen Luftzug lang,
Pressen, dann würde selbst der Schatten nicht
Mehr nur als Kleid so über deinem Kopf
Zusammenschäumen, denn ein Kleid, das von
Einem klopfenden, pochenden Körper, dicht an
Eine Wand herangeatmet wird, weht nicht mehr
Wie wild, es verhält sich genauso, wie sich
Kleidung an normalen Angstwänden verhalten
Würde, eng hingekauert, angepresst,
Hoffentlich kaum Metallknöpfe, kaum
Schnallen, denn das Herz würde sich heftiger
Vorbeulen, die Atmung könnte genauer
Aufsetzen, gleich geschafft, ich kann nicht mehr,
Du kannst nicht mehr, du kannst nicht mehr,
Dreh dich nicht um, weiter, weiter, du hörst

Doch noch meine Stimme, also muss ich auch
Immer noch hinter dir sein, dreh dich nicht um,
Die Felsen nehmen kein Ende, du spielst gar
Nicht mehr, ich habe mal für Bäume gespielt,
Die sind mir wirklich gefolgt.

III

Mittagskind und Südfrucht

Jetzt kannst du wieder
Gucken, Mom. Ich habe dir ja
Gleich gesagt, dass ich mit
Geknickten Apfelsinenschalen
Sogar unsichtbar
Deine Augen verzaubern kann.

MEINE FRÜHESTE
Kindheitserinnerung geht zurück
In mein drittes oder viertes Lebensjahr.
Zum Mittagsschlaf im Kindergarten, lag auf dem
Nebenholz ein Mädchen, das Babet hieß, mit
Einem t. Sie schob immer vor dem Einschlafen
Ihren Zeigefinger unter den Schlüpfer, in die
Porille und hielt ihn mir dann minutenlang
Unter die Nase. Ich mochte diesen Geruch, der
Ein wenig muffig war, irgendwie süßlich, so
Dass mein Kopf nie ernsthaft abhanden kam,
Wenn Babet wirklich neben mir lag und ihren
Zeigefinger schon nicht mehr richtig
Unter ihrem Schlüpfer haben konnte.

KENNST DU DAS DU. Willst ein Kind im.
Gehen überholen beschleunigst deine. Schritte
Bist schon fast an. Seiner Seite vorbei das. Kind
Läuft jetzt mehr als es. Geht mit weit
Vorgestrecktem Oberkörper jetzt willst. Du es
Um jeden. Preis überholen da du. Merkst dass
Das. Kind seinen ganzen. Zornigen Stolz
Aufbringt sich. Nicht im Gehen so. Einfach von
Dir überholen zu. Lassen inzwischen läuft. Es
Schon weit vor. Dir und du bist kurz am.
Überlegen ob du auf. Der Stelle schnell und.
Heftig mit den. Füßen treten sollst um dem.
Kind im Nachhinein zu. Zeigen dass du nur so.
Getan hast als. Wolltest du. Es überholen als.
Spieltest du nur mit. Ihm Greif und machtest.
Deine Füße deshalb so. Laut damit. Es denkt
Dass du. Schon ganz dicht hinter. Ihm bist
Obwohl. Es schon beginnt langsamer zu.
Werden und du schon nicht. Mehr auf der Stelle
Schnell und heftig mit den Füßen treten kannst.

DEIN JUNGE UND ICH. Wir haben uns immer
Nur. Für ein paar Minuten. Nur über die
Ständig sich gleichenden Typen von
Sattelschleppern gern. Und wie viel Matcher
Darauf passen. Ich frage, dreißig. Und er sagt.
Nein noch viel mehr. Und verwendet dafür die
Zahl siebzehnzig. Wenn er sagt. Dass er schon
Mal. In einem Doppelstockbus. Die Treppe
Hochgestiegen ist. Und enttäuscht war. Dass er
Von oben durch das Glas. Keinen einzigen
Sattelschlepper gesehen hat. Ist das einzige. Was
Mir dazu einfällt. Dass es in einem
Doppelstockbus. Gar keine Treppe gibt.
Sondern nur einen Fahrstuhl. Obwohl es ja gar
Nicht darauf angekommen war. Wie er die
Obere Etage erreicht hatte. Weil die
Enttäuschung die gleiche blieb. Nämlich von
Oben durch das Glas. Keinen einzigen
Sattelschlepper gesehen zu haben. Der zur
Gleichen Zeit. Als er die Fahrstuhlkabine betrat.
Und für einige Momente nicht auf die Straße
Sehen konnte. Sogar auf der Gegenspur aber zu
Beobachten gewesen wäre.

Was sind das für Stunden zwar. In
Denen sie für jeden von uns ein Schlaftier
Anschleppt. Für sich einen Frosch. Für mich
Einen Hasen. Dabei hoffe ich. Weiß sie noch.
Dass mein Lieblingsschlaftier. Wenn sie bei mir
Liegt. Ihre Hand ist. Die nach längerem Halten.
Noch bevor ich einschlafe. Wie sie am Morgen.
Zur Entschuldigung sagt. Schwitzt. Und
Deshalb zu früh. Schon nicht. Mehr da ist.
In meiner Hand. Als Schlaftier. Wenn sie
Bei mir liegt. Noch nicht schläft. Und mein
Schlaftier als Hand in Gedanken am Morgen
Vor lauter Entschuldigung zu früh sie schon
Weggezogen zu haben,
Schwitzt.

                                              für meinen Engel

DER LETZTE TIGER war früher einmal eine
Fransige Raubkatze, Sprung durch den
Brennenden Reifen, Circus Althoff, das sagt
Dir doch was. Er setzt an, ist mit dem
Rücken, die Vorderläufe weit nach vorn
Gerissen, schon zu einem Viertel
Durch, die Beine gestreckt, nach hinten,
Nicht etwa an den Unterleib gezogen, da
Löschen sie den Reifen, es war ein
Versehen. Beinahe flüchtig konnte man
Denken, der Reifen stünde in Flammen,
Mit allem, was drinsteckt, mein
Nach der Pause Tiger steckt drin, der
Reifen zischt, wird kalt, hart und
Eng, soziologischer Geruch, trauriger
Ringfinger, maßlos hingestreckt, dumpf
Mit Erde versehen, in den Zelten
Von Althoff. Ist doch wahr,
Nach der Pause. Ist doch wahr.

UM EIN HAAR wäre ich eben beinahe
Aufgewacht. Ein Rücken, wirklich nur ein
Rücken, trieb in einem Fluss. Ich trat nach ihm,
Denn er gehörte keinem. Der Himmel ist zu
Hoch und passt nicht auf die Nacht.

Mutter, die Hunde, die Hunde. Sie
Standen noch eben auf meinem Regal. Dabei
Habe ich doch gar nichts gemacht. Gut,
Den einen mit Wasser beworfen, kein
Abgekochtes. Aber das konnte
Der von unten
Aus gar nicht sehen, Mutter, die
Mutter, die Hunde.

Kann man von der Anstalt aus das
Meer sehen. Aber nicht doch, Ludovique. Was
Ist das denn, wo ihr mich hinschickt. Eine Art
Zentrum für bestimmte Kinder, schwierige. Ich
Wäre so gern Lehrling geworden, Mom, für
Holzapparate, mit denen man Instrumente
Nachmachen kann.

Mein Schulheft mit Zwölf. Ein Aufsatz
Darüber, dass Mutter zu schnell größer
Geworden ist. Vormittag in der Badeanstalt.
Das Wasser ist dreckig. Das Umziehen dauert
Lange. Erst die Hose, das Hemd, die Strümpfe,
Das Unterhemd, dann der Bademantel mit
Gürtel, loser Knoten, angedeutete Schleife,
Runter das eine, die Badehose hoch,
Anständiges, fleckiges Weiß, die Mehrzahl der
Haare dort, wo sie nicht hinsollen.
Das Wasser lau. Auf ihre Art
Zufriedene Schwäne.

Das mit dem Tiergartenwechsel ist
Eine ganz andere Geschichte. Nur zur
Beruhigung, aber du bist nicht der einzige, dem
Das mit der Unterführung und dem Flamingo
Passiert ist. Aber was gehst du denn auch am
Sonntagnachmittag durch eine Unterführung.

Die Wucht der Müdigkeit des Vaters
In dem Sohn. Mein Sohn, der wollte nur wie
Vögel leben. An den Hängen. In der Luft. Nur
Dort sind Betten ohne Blut. In den Wäldern.
Und im Schnee. Sinnlos deutliches
Kristallgemenge. Zufriedene Helligkeit in den
Nächten. Was nicht blinkt, kann nicht erstochen
Werden, so schaumig abgesetzt von allen
Wetterrändern. Mein Sohn, der wollte nur wie
Vögel leben. Aber ich werde sie alle kriegen.
Den, der zwar nicht gelacht hat. Den, der den
Stumpfen Gegenstand geführt hat. Den, der sich
Umsonst geschüttelt hat. Wo Vögel eben leben.
An den Randzonen der Schlösser. In den
Uferblüten der Hochebene, kranke Steine,
Denen nichts mehr abgeht. Nicht der geringste
Anhaltspunkt von einem Moos, von einem
Meer, das hier, im Zentrum, nicht in seinem
Element gewesen wäre, nachts, klares,
Ungefährliches Gestrüpp, Wasser und Sterne,
Dünne, aufmerksame Wälderstangen. Nester,
Die von allen Seiten zu erreichen sind. Halme,
Lehmreste, Wurzelwerk. Aber ich werde sie alle
Kriegen. Den, der zwar nicht gelacht hat. Aber
Wie soll man später auch lachen, wenn man
Dabei nicht schlucken kann, nur weil einem die
Zähne schon im Kopf schwimmen. Mein Sohn,
Der wollte nur wie Vögel leben. Mit
Zutraulicher Musik. Mit Schlafgeschichten am
Nest. Mit Süden im Winter. Aber den Winter als
Rest. Wie Vögel eben leben. Fliegen den ganzen
Tag herum. Lassen sich auf Pflanzen, auf
Steinen nieder. Frieren nicht. Zittern nicht.
Lieben nur die Würmer und all die anderen,
Kleinen, knautschigen Insekten. Insekten gehen
Nie in den Süden. Denn ihre viel zu geringe
Flügelgröße verträgt sich nicht mit der
Unbeherrschten Ozeanbesessenheit des

Himmels, verträgt sich nicht mit den klumpigen
Strömungsgebärden roher,
Gegeneinanderklatschender Wolken. Aber ich
Werde sie alle kriegen. Den, der den stumpfen
Gegenstand geführt hat. Wie tief muss der Hass
In mir sein, wenn ich mir vorstelle, dass das
Gesicht dieses Mannes, mit einer verkeimten,
Öligen, benutzten Rohrzange, verkehrt rum, in
Den Augenhöhlen, was hinten als Metall nicht
Austritt, ist nicht gut, dass das Gesicht dieses
Mannes dadurch höchstens noch gewinnen
Kann. Mein Sohn, der wollte nur wie Vögel
Leben. Die kriechen nicht. Die steigen auf und
Quälen weder Himmel noch das Meer. Wie
Vögel, Liebes, will er in den Nächten die
Schlösser meiden und die schwarzen Stellen.
Mit hohem Flug versucht er, den gerechten
Dämmerzustand unserer Augen herzustellen,
Nachts, klares, ungefährliches Gestrüpp, Wasser
Und Sterne, dünne, aufmerksame
Wälderstangen, Nester, in Handhöhe, Nester,
Die von allen Seiten zu erreichen sind. Nur wie
Vögel leben. Aber ohne Entfernungen. Ohne
Einen Süden. Ohne einen Rest an Schlafmusik.
Aber Vögel werden es im wirklichen Leben
Einmal richtig schwer haben. Denn sie können
Sich nicht umarmen. Nie umarmen. Im
Glücksfall im Ernst. Es war einmal, mein Sohn,
Hörst du, auch so eine Umarmung. Die wollte
Nur noch für sich allein sein. Sie war von
Vornherein gleich hinten zu. Sie hing nur so
Herunter und benetzte mit Absicht bloß die
Gürtelspange. Kein Hals sollte mehr in ihr
Wohnen. Kein Kopf. Keine Hüfte. Einmal hatte
Sich ein enger, fremder Hinterkopf in ihr
Verirrt, und sie war schon zu müde, um ihn
Gleich wieder in die Dürre anderer
Umarmungen wechseln zu lassen. Sie ging

Hinten einfach nicht auf. Sie schob sich am
Hinterkopf hoch und legte sich flach, ohne
Druck, ohne Geduld, ohne Harmlosigkeit, ein
Wenig über den kleinen, tickenden
Fontanellengarten, um auszuruhen. Der Scheitel
War kaum von einzelnen Fingern durchzogen,
Da näherte sich, vom Vorderkopf kommend,
Eine einzelne Hand, die keine Umarmung sein
Konnte, aber trotzdem in der Überzahl war, in
Der geschlossenen Topografie ihrer Adern.
Aber die Umarmung hatte ein wenig mehr
Entgegenkommen erwartet. Sie gab sich nicht
Mehr nur mit einer Hand ab. Davon wurde die
Einzelne Hand traurig. Sie konnte ja nichts
Dafür, dass ihr die andere Hand nicht mit gefolgt
War. Die lebte weiter in ihrer Höhle, und keine
Noch so Umarmung oder ein ähnliches Tier
Konnten ihr je etwas anhaben. Mein Sohn, du
Wolltest nur wie Vögel leben. Aber Vögel
Werden es im wirklichen Leben einmal richtig
Schwer haben. Mein Sohn, hab keine Angst, hab
Keine Scheu, dass ich schon lange tot sein
Könnte. Denn ich werde sie alle kriegen. Den,
Der zwar nicht gelacht hat. Den, der den
Stumpfen Gegenstand geführt hat. Den, der sich
Umsonst geschüttelt hat, nachts, an den
Randzonen der Schlösser. In den Uferblüten der
Hochebene, kranke Steine, stumpfe
Gegenstände. Das unerreichte Blut in der fernen
Gestalt späterer Vögel. Mein Sohn, der wollte
Gar nicht so gekrümmt und klebrig auf dem
Boden liegen. Jetzt ist er hin und keiner seiner
Vögel hat ihn je in der Luft neben sich gehabt.
Alles hin. Die Vögel sind hin. Das Umarmen ist
Hin. Die Wetterränder sind noch da. Jubelnde
Insekten sind noch da. Aber ich werde sie alle
Kriegen. Mein Sohn, ich werde jetzt nichts
Trinken. Ich habe wieder mit Liegestützen

Angefangen, weil ich nicht möchte, dass durch
Die geringste Schlaffheit stumpfe Gegenstände,
Später etwa, noch mal das Zeug zum Atmen
Hätten. Ich habe nie gesagt, ich will sie alle
Lebend, den, der zwar nicht gelacht hat, den,
Der den stumpfen Gegenstand geführt hat, den,
Der sich umsonst geschüttelt hat, völlig
Umsonst, mein Sohn, der wollte nur wie Vögel
Leben, nicht wie ein Mensch, ein Schwert, ein
Haufen Gold, vielleicht, bestimmt, sogar reicht
Angeschmiegter Flug schon, verträgt sich die
Umarmung nie mit dieser Art von Schweben,
Mein Sohn, ich hin nicht müde, nur weil ich
Glaube, selbst deine Vögel hätten das so
Gewollt.

       Den Vätern Steffen, Pele und Pampi

Vater, hast du mir einen Tagesritt
Mitgebracht. Natürlich mein Junge. Aber
Keinen weiten. Er ist noch im Mantel. Was hat
Das zu bedeuten. Ich sah Mutter in eines dieser
Neuartigen Automobile steigen, bei denen eine
Beifahrerin nicht mit zur Serienausstattung
Gehört. Sie tat gerade so, als seist du der Fahrer.
Aber warum soll ich denn nicht der Fahrer
Gewesen sein, mein Junge. Sie hielt dem Fahrer
Ihren Ellenbogen an den Mundwinkel,
Und der hatte davon keine wesentlichen
Nachteile.

ONYAVELATOULI. Die Wasserstation. Das
Ständig Wiederkehrende. Erst der Rhythmus.
Dann das Plasma der Vokale. Ohne Meer gibt es
Dich nie. Ein Mann. Eine Frau. Ein zutrauliches
Regenviereck. Das könnte stundenlang so
Weitergehen, Nahrungsgeräte, Staub, die
Länder im Zentralzustand, steife, getönte
Kontinentalschollen, nichts als Symbole zweiter
Ordnung, Gewitter und Milch und
Tischhöhlengold, aber warum läufst du, wer
Sagt denn, dass es weh tut, nur weil du es
Versäumt hast, deine Kindheit in der mittleren
Körperspanne auf einen geschmeidigen Stand
Zu bringen, zu langes, zu enges
Indianergespiele, nie etwas Rohes, nichts
Entblößtes, zuhalten, zuhalten, am liebsten die
Hand noch mit rein, aber warum läufst du, habe
Ich dir nicht eben noch eine Schüssel mit
Lauwarmer Kamillanlauge hingestellt, weißt du
Denn noch, wer dir seinen ersten, trüben,
Breibeinigen Nebel anvertraut hat, die erste
Berührung der Lippen, der Nachwuchs von
Sternen an der Seitenfront des Zeigefingers, Salz
Und das Abklingen von Salz anhand von Licht,
Komm schon, ich lass dich auch hinter die
Zähne, Mutter, kommst du, ich brauchte ein
Reizwort, Geliebte ging gerade nicht, Geliebte
War Lederspülung, war Taximedizin in den
Aquarellstoffen der Friedrichschlossallee,
Mutter, kommst du, Geliebte ging gerade nicht,
Geliebte trug für mich einen Tag lang, den Arm
Dicht an den Körper gepresst, eine
Pfefferminztablette unter ihrer Achsel, aber so
Schwebend zwischen den Halmen, dass sie
Abends, beim Entfernen, immer noch strotzend
Weiß war und nichts von ihrer Form eingebüßt
Hatte, so dass ich sie verloren wieder unter die
Anderen Tabletten in der Tüte mischte, in dem

Wahn, sie unter den vielen wirklich
Herausschmecken zu können, ihre einstige
Dunkelheit, die Hitze, die Höhenangst, ihre
Schlaffe, erloschene Frische noch einmal neu in
Meinem Kopf aufblühen zu lassen, die
Berührung der Lippen, der Nachwuchs von
Sternen an der Seitenfront, die Flüssigkeiten
Siegen, sie singen, sie bekriegen sich, es gelingen
Neue Spiele und Regeln für Bewegung und
Haut, wer zuerst mit seinem Kniekopf das Ufer
Verdirbt, darf selbst mit den Händen, darf aber
Auch in den strengeren Duftraum aus Schmelze
Und Haar, das ständig Wiederkehrende, die
Länder des Staubs, des getrockneten
Zentralzustands, ausgekratzte Bottiche,
Verschrumpelte Holztrauben, die Kruste am
Innenrand der Trinkgefäße, Blut, historische
Chateauhänge, Zahnmehl, Eisenbeschläge,
Wenn es Schiffe gibt, die kein Wasser
Hereinlassen, muss es auch Schiffe geben, die
Das Wasser nicht mehr herauslassen, wo du
Jetzt herkommst, Mutter, hat ein Gewitter von
Allen Seiten, dürre und mit schiefen Zeichen,
Grell und glasig unser Haus gemeint, wir
Kinder haben uns schützend mit dunklen
Jacken vor den Kühlschrank gestellt und laut
Gesprochen, gesungen, damit der Milch nichts
Passiert, was mit Waffen und großem Bruder,
Sonntags, der illusionäre Stapel der
Luftschichten, denn wir konnten doch nicht
Ahnen, wovon sie wohl eher sauer werden
Würde, schon von den Geräuschen, dem
Donnern, dem Grollen, oder doch nur von der
Aufgescheitelten Helligkeit eines großen, aber
Mächtigen Messerpflückers, fest steht, wir
Wären bis zum Äußersten gegangen, mit unseren
Hirschfängern im Gürtel, schiefe, zusätzliche
Löcher, die, ohne das sauber eingedrückte,

Zwischen den Lefzen der Lochzange
Festgehaltene, nach innen gestanzte
Lederscheibchen, sofort wieder zuwucherten,
Ein echter Horngriff im Gürtel, aber das Tier tat
Uns nicht leid, denn wir waren in dem Alter
Noch nicht so hell, auch nur einen einzigen
Gedanken daran zu verschwenden, dass dieser
Hirsch jetzt womöglich, mit seiner harten,
Meditativen Absplitterung am Geweih,
Irgendwo in Europas Nadelgebieten vegetierte,
Bis sich endlich ein debiler, nassknochiger Wind
Dazu herabließ, die erstarrten Schädelfontänen
Seiner Kreaturen in bräunlicher Anschmiegung
Wieder vollständig aufzufrischen,
Onyavelatouli, die Wasserstation, das ständig
Wiederkehrende, erst der Rhythmus, der Wind,
Die aufrechte Milch, die Milch wieder
Abklingender Schiffe, die Milch von den
Pflanzen, Achselhalm und Minze, roher,
Entblößter Etagenschnee, das Plasma in Stufen,
Denn ohne Meer gibt es dich nie.

IV

Die blauen Seminare des Romans

*Wenn nichts mehr in Bildern geht,
Ist die Erinnerung die
Wahrscheinlichste Variante, zu
Schwach nur geliebt zu haben.*

Boulevous Neigungen

Körperchens Messer

Puschkins Küste

Debessahs Heizwerk

Natalenkas Wiesenübung

Tukinas Novemberleder

Gloryas Motel, erstes
Krankenschwestergedicht

Ein von der Stadt verlassenes Meer
Schiebt sich scheinbar schäumend über die
Achtundfünfzigste Straße dein Blouson im Café
Hängt glatt und welk und leer du verfügst nicht
Mehr über die von mir bevorzugten Maße

Lachsrosa Nächte glänzen eine letzte Avenue
Noch nass deine Hände begleiten einen Kopf
Nach unten nur nicht meinen wenn du Wert
Darauf legst dass ich so tue als wenn ich dich
Anfass gib mir ein Zeichen mit einem
Verbesserten Abstand zwischen den Beinen

Der Abstand bleibt wie er war gibt es noch
Fragen geringer Baumbestand hinter der Bar
Zwei Gläser Hafen mit Schnee ich sehe dich
Noch könnte dir stundenlang zuhören sagen ich
Rede mit dir Lavarier

Es reicht nicht mehr aus dass deine Hände
Forthasten warum beweist du mir erst jetzt wie
Engversäumt dein Kleid schleift mit je einem
Träger vom Hals weg über die
Schulterknopftasten was dicht und am Körper
Hinab erst feuchtwärts heranreift

Erst ein Blousón und jetzt ein Kleid was war es
Von beiden es muss etwas sein Lavarier das
Gerade noch so am Schulterrand klebt und dann
Erst schleppend nach unten sackt als könnte ich
Mich entscheiden für einen Stoff der am
Schlüsselbein zuckt als wenn er noch lebt

Sich hebt und senkt sich feucht und schwitzend
Deiner Kette annimmt die klobig und verlassen
Zwischen den Brüsten schimmert ich kann nicht
Mit ansehen wie etwas das tot liegt noch
Schwimmt als wenn sich der Abstand jetzt
Zwischen den Beinen anstatt noch verschlimmert

Was bringt es schon das Meer zu verlassen wenn
Auch die Stadt bleibt und keiner von beiden den
Anfang macht die Avenuen herunterzuglänzen
Ich kann nicht mit ansehen wie etwas das tot
Liegt noch treibt als könne das eine was
Zurückbleibt das andere was nicht gehen mag

Ergänzen.

EIN DEUTSCHER SCHNEE. Wilhelm an Luise.
Ich habe dir den Park genannt. Verglast und
Abgefüllt mit Hölzern. Hohe Wände. Niemand
Würde uns dort sehen. Ich könnte deine Finger
Mit der Hand bis in den Mund begleiten. Von
Deinen blassgetauten Nägeln kosten. Sie
Runterschlucken bis zum Anschlag. Wie spitz
Und angekrümmt sie meinen Blinddarm zieren.
Ich bin nervös, Luise. Ich hab es im Blut. Ihr
Schoß hat längst schon satte Sehnsucht nach
Tiefen, englischen Manieren. Ich habe dir den
Park genannt, verglast, Dulu und abgefüllt mit
Hölzern, hohe Wände. Entweder bin ich nach
Dir da. Vergiss den Park. Ich hab ihn nur zum
Finden so genannt. Denn nur Mylord gelingt
Mit Rosen das schöne Spritzen deiner Hände.

WIE KANNST DU NUR DENKEN ICH
Käme von einer im leerstehenden
Winter verlassenen Hausart her
Auf die Idee dich zu
Meiden

Dein Zimmer beginnt weder vor
Meiner Tür noch dahinter sich nur
In so weit wie Heruntergewöhntes zu
Kleiden

Du willst dich doch jetzt nur schon
Daran erinnern was
Gewesen wäre hätten wir noch länger
Ausgehalten doch du lächelst
Fast

Als wäre nur das Schäumen
Zwischen zwei Tieren noch enger wie
Schnell ich die Wörter nach Hause schon
Dafür einsetz
Phie

Wohin ich leichtabends
Weil meine Hausart stirbt gehen muss
Von welcher Seite aus
Wir uns auch
Immer

Den Haaren nähern die ein
Kuss besetzt hält Haare
Weiter soll damit schon
Schluss sein nicht mal
Das macht deine Müdigkeit noch
Schlimmer

Für ein halbes Taschentuch voll

Gulden. Habe ich mir in einer Luke über dem
Strand. Ein Kügelchen Teig genommen. Für in
Den Mund. Damit die Bänke nach unten
Ablaufen. Damit das Meer wieder. Tiefer über
Die Augen rutschen kann. Und von dort aus.
Ein dunkles lappiges Lila anstiftet. Mit
Neigung. Die Farbe deines Mundes. In einem
Französischen Vokalgemenge zu verlieren.
Oder wie man auch anders. Den melodischen
Anfang. Einer Abwesenheit beschreibt. Vom
September herunterzukippen. Tut gar nicht
Weh. Navalén. Nicht richtig. Nichts mit
Ausgekugeltem Heimweg. Ich warte lieber im
Liegen auf dich. Als im Stehen. Nenn mich
Boulevou, wenn der Nachmittag noch immer
Nicht. Niedrig genug sein sollte. Um
Unbemerkt vom Rand deiner Unterlippe zu
Nehmen. Dann eben nicht, maîtresse. Schon
Weniger kann älter sein als Blässe. Dann eben
Nur für dich: Boulevou.

NACHMITTAGS, WENN DU WEISST, was ich
Mit nachmittags wirklich meine. Klassizistische
Dämmerung mit fairer Raumaufteilung. Ich
Versuch, ob du schön bist. Rein theoretisch
Lavendelgeruch. Dein Haar hat eben gewackelt,
Weil unten ein LKW vorbei gefahren ist, nicht
Noch zu hell dafür draußen, es ist noch zu
Sechzehn Uhr dreißig dafür, zu viele perlende
Blechkörperchen, nachmittags, wenn du weißt,
Was ich mit nachmittags wirklich meine.

Lösch doch den zögernden Wald.
Vava, mit einer Handvoll Gardine. Von hier
Sieht es aus. Als wäre er schon über den
Parkplatz gestiegen. Vergiss nicht. Hier, in
Unserer Teppichburg. Dass dein angefangener
Mund beginnt. Mein verbogenes Hemd zu
Trösten. Dass der Regen. Schon wieder Regen.
Geht es denn wirklich nicht einmal ohne. Durch
Das Fenster. Die blauen knisternden Möbel
Besänftigt, du, drei von vier Tischbeinen, das zu
Kurze lieber nicht und die Möglichkeit eines
Geschlechtskranken Klaviers.
Weißt du. Warum dieses Zimmer.
Schon so lange hält. Der Flur ist sehr eng.
Um die Türen geschnallt.
Und kippelt nicht mehr beim Liegen.

WAR ICH NICHT DEUTLICH GENUG,
Körperchen. Es beeindruckt mich einfach nicht
Mehr, dass du mit Merkheft und dem neuesten
Von Cacharel sonntags in den Galerien
Rumstehst und dir Notizen machst über
Zeitgenössische Striche, lang, dunkel,
Unterbrochen, schief, und das gute daran ist,
Immer haben sie etwas zu bedeuten, der Strich
Gleich neben dem Eingang etwa bedeutet
Versunkener, sibelischer Hinterhalt ohne
Messer und Violine, aber mit Stewardess drin.
Dabei war ich eben sogar schon kurz davor,
Dem angekrümmten Strich, keinen Arzt her, es
Geht gleich wieder, wenigstens abzunehmen,
Nur Messer zu sein, aber alles wird einem
Genommen, aber auch rein alles, Messer,
Violine, Stewardess, dabei fehlte zur frischen,
Übereinandergeschlagenen Hitze ihrer Beine
Nur noch ein einziger, seitlich geführter Hauch.

OHNE JEDE KÜSTE, SAFARELL, aber es wäre
Einfach nicht zynisch genug, dir die Wahl der
Waffen zu überlassen. Denn ich wüsste schon
Vorher, wofür du dich entscheiden würdest.
Lichtung. Belorussische Helligkeit anhand von
Birken. Rücken an Rücken. Du, in deiner
Rechten, hängenden Hand ein kleines,
Schwarzes, anliegendes Wasser bis zum get no.
Ich, in meiner rechten, anliegenden Hand ein
Kleines, schwarzes, anhängliches Wasser bis
Zum get no. Rücken an Rücken. Jeder von uns
Beiden gerade mal zehn Schritt. Umdrehen.
Abdrücken. Du bist jetzt Puschkin, Safarell. Ich
Würde mit dir die Birken einsauen. Aber unsere
Sekundanten haben anders entschieden. Keine
Rücken. Kein Wasser. Keine Lichtung unter
Belorussischem Geäst. Unsere Sekundanten
Haben lange überlegt, welches Material am
Genauesten Regelmäßigkeiten beendet. Ohne
Einen nassen Hauch von Innereien. Bis ihnen
Der grobe, soziale Steinschmuck der Vorstädte
Einfiel. Denn der Tod ist ja auch dazu da, dass
Dein einer Stuhl an der Bar, wenigstens nur
Einen Abend lang, sein Holz mal ganz für sich
Allein hat. Du musst jetzt Puschkin sein,
Safarell. Aber unsere Sekundanten haben schon
Anders entschieden. Keine Lichtung. Kein
Wasser. Nicht der geringste belorussische
Ansatz. Du, in deiner rechten, hängenden
Hand eine kleine, schwarze, anliegende Vorstadt
Bis zum get no. Ich, in meiner rechten,
Anliegenden Hand eine kleine, schwarze,
Anhängliche Vorstadt bis zum get no. Rücken
An Rücken. Jeder von uns beiden gerade mal
Zehn Schritt. Du hast beim Gehen die Vorstadt
Geöffnet. Ein Gasthof kippt ins Gras. Eine
Vergessene Kutsche. Natalenkas Wiesenübung
Mit Briefmesserchen. Meine Vorstadt war noch

Komplett, als ich mich umdrehte, umdrehte zu
Dir, Safarell, denn keiner ist Puschkin, wenn ich
Ihn wirklich brauche. Zum Umdrehen.
Abdrücken. Lichtung waschen. Belorussische
Flecke an den Birken. Hör auf, so zu schwitzen,
Kleine, schwarze, zusammengedrückte
Vorstadt. Ich weiß, du bist aufgeregt, deine
Engen Gassen zucken, aber damit kommst du
Bei Birken nicht durch.

DEIN ZIMMER IST FLACH, SINNLOS UND
Brennbar. Ein Finnland mit Holzdingern.
Du kannst auch Bäume dazu sagen.
Schrankniederung. Rückentisch. Ist mir schon
Alles gleich. Glasierte Dielen, hell, streng, ein
Knochiges Gewitter mit konzentrierter
Einzelrose. Rose kam früher schon einmal vor,
Ach was, perlt, schäumt, läuft, ungerechtes Rot,
Lange Latte Haare. Dein Mund ist gut zu
Bleistiften und anderen Tieren. Überlege dir
Genau, was du sagst. Dein Mund ist gut zu
Bleistiften und anderen Tieren. Andere Tiere
Kamen früher schon mal vor, ach was,
November, Dezember, um vier dunkel, sehr
Sehr November, deine Stirn an den Städtischen
Heizwerken. Musst du dich denn immer
Anlehnen beim Nachdenken. Es ist aus.
Geh mir mit deiner Armbanduhr. Geh mir mit
Sinkender Hautfeuchtigkeit, rundes,
Ungesundes Rot, aber man kann nichts
Aufklappen, herausnehmen. Sieht man von der
Feuchtigkeit einmal ab, Debessah, ist Haut
Völlig harmlos.

BIST DU ETWA DIE SPAZIERGÄNGERIN, die
Sich nach einer indianischen Reise, der Herbst
Setzte gerade auf, zum letzten Mal in meinem
Engen Café zugetragen hat. Deine Hände
Hatten gerade keine Funktion. Nichts mit
Zeigen. Noch weniger mit Anfassen. Frisches,
Herunterhängendes Novemberleder,
Vavatukina, deine Haare mit Pferden versehen,
Jungen Pferden, nicht ausgelaugt, derbe,
Kräftige Sehnen, so als erreichte ich heute noch,
Bevor die Flüsse wirklich in die Höfe mögen,
Mit Abstand deinen Hals. Sag ihm, ich hätte ein
Medaillon für ihn, mit Herz und Hass und
Flachem Vater.

AUCH WENN DU SELBST MICH SCHON
In Ablenkung wähnst. Sage mal, lutscht er
An dir. Du bist doch
Noch Freundesfrau. Ich wollte mich fast
Schon nervlich betrinken, weil dein
Einer Schenkelknopf fehlt, denn wenn ich
Weiß, was du getragen hast, weiß ich
Wonach du dich sehnst.

MOTEL BLUE. Das ist das Ende, der Abgrund,
Kleine Krankenschwester. Wolkenteile mit
Regenaufzucht. Ich hatte mir deine Hände,
Wenn du winkst, höher vorgestellt. Windräder,
Erdnussbutter. Könnte ich dir nicht einfach
In der Magengegend ein wenig schmale Treue
Zufügen. Sag, schon geritzt, l'amour, kau
Du doch auf Silberpapier. Ich hätte sie alle
Fertiggemacht, wenn ich wollte. Aber du
Wolltest bestimmt gerade nicht, kleine
Krankenschwester. Windräder, Erdnussbutter.
Hörst du das Rauschen, Sam Baskini Orchester,
Uralte Aufnahme, alkalisch zu Ende gehauchter
Jazz, teils als Nebengeräusch. Lehn dich zurück,
Mach deine Augen dunkel, Motel blue ist
Weiter nichts, als die letzte, flimmernde Station
Eines trocken gefahrenen Tanks. Könnte ich dir
Nicht einfach in der Magengegend ein wenig
Schmale Treue zufügen sag, schon geritzt,
L'amour, hörst du das Rauschen, hörst du
Das endgültige Schleifen der Scheibenwischer,
Das ist das Ende, kleine Krankenschwester,
Das sind die runtersackenden Hände im Rücken,
Ohne erst vorher noch großartig zu tanzen.

V

Gedrückte Taste Lasvagnieu

Letzte Einblendung ein Mann versucht eine
Dosis tiefer Rosen aus dem Gefrierfach
An Land zu ziehen doch sie
Reißen mit einem Löffel will er
Die Köpfe rauskratzen das Licht
Flackert die Butter kriegt einen
Tropfen Wasser auf den flachen
Brustkorb der Gärtner und das Meer
Der Gärtner hatte früher
In Gedanken ein eigenes Cello
Spielen konnte er darauf nicht aber
Er hatte immer seine helle Freude
Daran uns zu beweisen dass man in
Einer Küche selbst wenn man
Das Instrument beherrscht überhaupt kein
Cello spielen kann denn der Stahlstift
Der unten aus dem Holz zu ziehen war
Wurde von den Kacheln gar nicht erst
Für voll genommen mit seinem
Sinnlosen Rumgeschlittere dabei haben
Wir diese Szene schon so oft mit
Einer Gabel nachgespielt einer drückte sie
Mit den Zinken in eine der Fugen und der
Andere musste versuchen sie so flach wie nur
Möglich über den Rand zu ziehen es gelang
Fast nie selbst wenn man das Instrument
Beherrscht das Schleifen war zwar
Heller aber die Gabel war ja auch gar nicht
Als Cello gedacht.

Romanbeginn dreissigster
September. Das Wetter drückt seine
Hellbraune Fresse langsam an der Fabrik runter,
Obwohl das noch lange kein Grund ist und
Sogar noch mit Datum versehen, so an die drei
Zeilen formuliert zu haben. Wenn du das
Nämlich ausdauernder verfolgt hättest, wäre dir
Aufgefallen, dass das mit dem Wetter und der
Fabrik schon sehr lange so geht.

No deeper blue, Lasvagnieu, dreh
Dich um, sagte der alte Film. Ich will mich
Ausziehen, und ich sah,
Auf der Krümmung eines Stahlbechers,
Ein krankes Mädchenfahrrad
Meinen Kühlschrank herunterrieseln.
Lass man, lass man,
Liou.

Naftis Roman, Naftis kleiner Roman.

Eine Frau, leeres, schaukelndes, genügsames
Oberteil, nachts, straff, schon halb abgeschürft,
Entzündet, Kleid, Klunkern, Tasche von Picard,
Heftig geschleudertes, hellgieriges Gelb in der
Leichten Verschwommenheit der Industrie, wer
Auch immer das war, der ist schon so gut wie
Außen tot, Schwesterchen, benebelter
Kopfknochen, mach dir bloß erst mal den
Brustansatz hell, schmutzige Kristalle
Rangekommen, Hände, Sterne, schepperndes
Gras, wenn wir erst die Republik haben, ist es
Damit passé, keine Schürfstellen mehr, keine
Entzündungen, nur noch Republik, nur noch
Für uns, die weggeschwemmte, die
Aufgedunsene, die zwischen Winter und Flut,
Schafe und Schnee in den Maschen der
Lehmfelder, verdorbener, geschlenkerter
Horizont, der Schnee macht das Laub alle, die
Tische, die See, die Form einer Frau im
Vorbeigehen, die Frau, die nachts tänzelt, die
Stolpert, beinahe zu Bruch geht, aufsteht, sich
Hochstemmt, geschürft und entzündet, die
Tasche und der Wind, aber eher noch der Wind,
Der Wind am Gestänge der Vororte, Watte und
Whisky in der losen Strategie gelangweilter,
Hingefetzter Kinokadaver, naive, klobige Vögel
Über den Sitzreihen, das Loch in der Ferne,
Hautrutsch, Gefäßwände, mein erstgemeintes
Paris in jenem Haar hast du mir doch
Hoffentlich schon lange verziehen, das
Geglimmer, Geschwafel, die Tafel im Zimmer
War nicht zum Raufknien, geschichtete Decken,
Die stockige Salbe bis dicht an die Wurzel, den
Kuchen, die Wurzel, die Geschwister fliehen die
Republik, die zwischen Winter und Flut, in der
Leichten Verschwommenheit der Industrie, die
Geschwister bestimmen Absonderung,

Stoff, Haut und Reizung der Herberge,
Madame Sabalére zeigt ihren Gästen, wie sie
Sich ihre Chansons unterm Hemd selber färben
Können, zwei Dirnen vom Land, die ihre Tage,
Eine Pistole, Schokolade, belgisch, freigetaute,
Gemaserte Nüsse, Schotter, Schotter,
Meeresfrüchte, die Illusion vom genesenden
Schleim der Auswanderungsschiffe, die
Geschwister beschriften die Knöchel der Gläser,
Das Getrinke macht eng, Madame Sabalére, was
Bringt das Gebiss der Pistole, der Schotter, wem
Nützen schon die Tränen der Beleidiger, wären
Sie nicht so ungelenk, wir würden Ihnen den
Kittel aufbiegen, Sie maßlos und mit
Durchgebogenem Rücken, dumpf, auf ein
Halbhohes Möbelstück legen, um Sie so lang in
Unser Hetzen und Schürfen mit einzubeziehen,
Im Klammern, im Speicheln, Umschlingen und
Schlitzen, beim Jammern bewegen, beim Singen
Die Zähne, die stumpf wirken, streicheln, im
Liegen, bei Hitze, Ihren Strumpffriss benetzen,
Den Abdruck, die roten Striche vom Sitzen, an
Den Schenkeln, von den Nerven der Stühle, erst
Küssen, bespritzen, die Beine, die Fasern, den
Rasierten Strom Ihrer Adern, Kinokadaver, das
Geschlenker der Vögel, der klobigen Vögel,
Ungelenk, leer, Schwesterchen, was gibt es wohl
Mehr auf der Welt, Schiffe oder Rosen, wenn
Man pro Schiff viertausend Rosen rechnet, die
Augen der Schiffe, mit dem Blick für das Grobe,
Die Starre, den Schmelz zwischen Winter und
Flut, bis wenigstens eine von den schwitzigen
Nüssen, geworfen, gerollt, mit der Spitze nach
Unten, und seis für immer, endlich in Ihrem
Bauchknöpfchen ruht, der Austritt der Kugel,
Kein Gift klafft so stolz, die Maserung streng,
Der Schotter, der Schotter, das Auswanderholz,
Die Früchte vom Meer, genesender Schleim, das
Getrinke macht eng, Madame Sabalére.

So gut müsstest du mich ja
Eigentlich kennen, meine liebe
Liouvaletta. Aber nach der Sache mit dem
Gärtner und der einarmigen Rose im
Kühlschrank ist dir wohl inzwischen alles
Zuzutrauen. Ich würde es mal mit mehr
Blütenblättern versuchen. Nicht, dass ich Butter
oder sonst was auf diesen dürren, armseligen
Stiel gestellt hätte.

DIE NIZESER SAGEN. Beginnt die Bucht zu
Früh im Jahr mit Schnee, kümmern sich ab
November, Dezember nur noch die Schiffe um
Die Berge. Hoch, holzig, aufgekantet bleiben sie
Zwischen den Felsen stecken. Die Männer
Verlassen das Deck rechtzeitig. Das ist das
Schmelzen. Ihr Armdrücken in den
Kaschemmen geht nicht ins Gesicht. In den
Tavernen. Sie verachten den Anteil der
Vitamine auf Linienschiffen. Das ist die
Müdigkeit. Sie würden nie zu einem
Vergeblichen Haarknoten sagen, du bist
Der mit Abstand, den ich je. Sie erwägen die
Wiederholung einer möglichen Wiederkehr.
Das ist die Treue. Die Nizeser sagen, die
Bucht beginnt zu früh im Jahr mit Schnee. Aber
Lange machen das die Schiffe bestimmt auch
Nicht mehr mit, so sinnlos rumhängen da oben
Und von weitem nicht schmelzen, aber
Wenigstens kleiner werden noch, wesentlicher
Schnee wird doch auch kleiner, wenn er für
Umsonst zwischen den Schultern auftritt. Die
Nizeser sagen, beginnt die Bucht zu früh im
Jahr mit Schnee, kümmern sich nur noch
Die Schiffe um die Berge.

EINE TERRASSE, SCHON HALB AN DEN
Stühlen vorbei. Schwimm nicht so weit
Raus. Du frierst. Du benutzt einen tief, bis in
Die Eingeweide, schimmernden Schnaps. Ich
Weiß, das geht nicht. Du bist goldig. Du
Verschwindest in einem losegebogenen
Augenblick mit einem wohlsituierten Herren,
Der das Dinner zwar jederzeit recht reizend
Findet, aber die zuletzt angebotenen Drinks
Höflich verschmäht, eitrig fiebern die
Autoschlüssel in seinen schmalen Händen, und
Der dich fragt, schon in anderer Umgebung,
Schon was mit Pavillon, Laub und
Verdunkeltem Schwan, ob man hier überhaupt
Mit jemandem reden kann, außer mit dir. Dass er
Sich noch einmal so mit einer Frau unterhalten
Würde, das hätte noch nicht mal mein Schwan
Für möglich gehalten. Aber der ist verdunkelt.
Den fragt keiner. Dabei gehörte ihm früher der
Pavillon, da war noch Betrieb, das Laub ganz
Allein, der Weg dahin und alle Zufahrtsstraßen,
Die zum Weg führten, der sich ansonsten recht
Rot durch den Pavillon zog. Aber wenn der
Schwan sagt, zuhören kann man ja wenigstens,
Keine Angst, ich schwimme schon nicht weit
Raus, ist es besser, man fährt wieder.

Er hatte eine Halbtagsstelle als
Swimmingpoolreiniger, sonntags, und das
Brauche ich ja wohl nicht extra zu betonen,
Natürlich nur den Herbst über. Und vor allem
Des Laubes wegen. Mit einem Sieb an einem
Langen Stiel, Stöckchen, Zweige, kaputtes Obst.
Einmal, eine vollgesogene Schwalbe. Mal was
Von fliegen gehört. Der Unterschied zwischen
Fliegen und baden besteht nämlich darin, dass
Die Luft nicht direkt aus Wasser ist. Aber das
Mit der Schwalbe war ein Einzelfall. Schlimmer
War da schon die Szene mit der alten
Bücherbesitzerin, die den Pool ihr Eigen
Nannte. Er war gerade dabei, seine Arbeit zu
Verrichten. Da stieg sie mit gnadenlos weißer
Haut in das Wasser. Doch je länger sie dort flach
Ihre Bahnen schwamm, desto deutlicher wurde
Der Unterschied zwischen ihr und der schon
Vorher zum Glück aus dem Wasser gehobenen
Schwalbe.

DER GRUNDGEDANKE VON HOLZ. Den Männern sind auf der Insel die Vorräte Ausgegangen. Flach und trocken. Nichts als Sträucher ringsum. Und sie schickten den vor, Der es im Leben bisher am weitesten gebracht Hatte, Tochter, Sohn und Wintergarten. Sie Selbst blieben weiter hinten zurück. Mit Traurigen Zähnen. Die ganze Situation war alles Andere als erbaulich, denn das Meer hatte Scharlach, und in dem Moment, als sie sich Gerade verzweifelt darum bemühten, ihren Kindlich geröteten Körper vor sich zu sehen, Sagte der, der es im Leben bisher am weitesten Von ihnen gebracht hatte, Tochter, Sohn und Wintergarten, weiter vorne, zu den Sträuchern, Könnt ihr euch nicht wenigstens einmal wie Ganz normale Tiere benehmen.

IST NICHT ALLES AN GETROCKNETEM
Chopin schon durchgespielt. Die Fäulnis. Der
Schmerz. Die Hitze, weiß, eng, unbehaart. Die
Blanke Trauer der Innenhand. Beim Pressen der
Gewässer an die Wangenknochen. Junges,
Dürftiges Ablaufen. Kleiner, schmächtiger
Zimmerfetzen. Gedämpft vom Staub
Mechanischer Hyazinthen. Das
Feuchtigkeitsgetue der Monate Yalua Fedora
Melch. Aber ohne, dass da unten richtig was
Kaputtgeht. Fleckige Häuser. Aufgeweichte
Rotwildklumpen. Strähnig rausgerutschter
Wald. Zu tiefes Reißen. Als wäre eine
Bauchdecke auch schon keine
Ernstzunehmende Keramik mehr. Die taktische
Blässe deines Rückens. Mein Buchstabierfleisch
In Not. Und fremd von unten umgefasst. Jetzt
Kommt es mir schon vor, wie du gesessen haben
Musst. Was mit Haut und aufrecht, oben.
Gefülltes Mindestmaß an Täuschung.
Vergangenes Klaffen, warme, vom Hals
Gebrochene Textilien. Weißt du noch, bloß
Dunkelbraun im Flur, es sei ein Leichtes für die
Schiffe, Münzen aufzurichten. Doch keins der
Einzelzimmer kam hart genug
Herangeschwommen. Versuch dir mit dem
Linken Auge vorzustellen, Safarell, dass dein
Rechtes Auge zwei Zentimeter tiefer im Kopf
Steckt, weil einmal ein Flughafen so schwer war.
Wisch nicht drin rum, Safarell, sonst verrutscht
Am Ende noch die Wartehalle. Versuch dir
Lieber mit dem linken Auge vorzustellen, dass
Dein rechtes Auge zwei Zentimeter tiefer im
Kopf steckt und sinnlos plastisch Material
Bewahrt, das drückt.

DER GRUNDGEDANKE VON NÄSSE. Nach
Dem Bumsen werden die Tiere traurig. Die
Augen stumpf. Das Rückenmaterial
Verwahrlost, gelb und matt und salzig. Sie
Haben zuerst nur hinübergesehen. So kamen
Fell und Muskeln der anderen in der Ferne zu
Einem ungefährdeten Sieg. Hätten sie es doch
Bloß dabei bewenden lassen. Die Ferne gab es
Schon immer. Verwaschen. Hilflos. Viel später
Erst die flache Sauberkeit der Geografie. Wer
Nicht hinsah, bekam den Wind. Gelb und matt
Und salzig. Aber mit so etwas braucht man den
Tieren gar nicht erst kommen, dass Geografie
Jünger sein soll als Ferne. Sie achten schon von
Allein darauf, dass sie sich nur für solche Tiere
Interessieren, die ihnen schon von Weitem den
Rücken zukehren, gelb und matt und salzig,
Nach dem Bumsen werden die Tiere traurig, sie
Zittern, sie wackeln, sie spielen auf die Seite
Legen, auch wenn es sich scheinbar nicht gleich
Rentiert, aber mit so etwas braucht man den
Tieren gar nicht erst kommen, sie bumsen, sind
Traurig, das Rückenmaterial verwahrlost, die
Augen stumpf, je nachdem, ob es einen Wind in
Dieser Höhe jemals gegeben hat.

WIR ZÄHLEN DIE KRÜMEL AUF, die nur
Vereinzelt, selten zusammen, in den
Großstädten auftreten. Komm mir nicht, du
Hättest davon nichts gewusst. Rue Lafayas
Vierunddreißig, oberes Geschoss, benutzte
Berufe, Küchenbakterien, das Licht mit
Vorkenntnissen über den rausflackernden
Haarbestand auf Innenhöfen, ich würde es
An deiner Stelle jetzt tun, Trübung in der
Schwebe, das Blattverhalten normal. Verschon
Mich, Daniésse. Das Fenster gegenüber hat ein
Nachsehen. Als wäre eine bestimmte Uhrzeit
Ohne gebadeten Umriss nicht rassig genug,
Abgestandene Berufe, Küchenbakterien, die
Krümel, die zur gleichen Stunde von zwei
Heimlichen Croissants absplittern, Lafayas
Vierun, Lafayas siebenun, Innenhof, das Licht
Wulstig, Gardinengelassenheit, die Blätter
Leichtsinnig, Croissantgesplitter, leichtes
Aufsetzen, so rotlasches Auflodern einer
Unterbliebenen Handbewegung gegenüber, laf
De Contróle, rasierter Unterarm, ohne Adern
Überall, love, laf, die Blätter intakt, dein
Haar in der Hitze der Schwebe der
Schläfen und du, Daniésse, du hältst dich da
Raus, ich habe doch raus
Gesagt.

Du magst deine enge Abwesenheit
Hinter weichen Schlüsseln anwenden. Jeden Tag
Rechne ich damit. Dass du mir sagst. Von
Welcher wer weiß wie weichen Wohnung aus.
In den Städten. Du am Neujahrsmorgen. Bunte
Aufgeweichte Pappröhrchen in den Gossen.
Bengalhölzer Papier Flaschenfetzen. Du suchst
Minutenlang deinen Mantel. Unter den
Mänteln. Über einer dunkel gebeizten Truhe.
Du am Neujahrsmorgen. Aber bitte nicht vor
Mittag. An mich denkst. Während der Regen.
Immer ist es was mit Regen. Wenn zwei Städte
Anders ausgesprochen werden. Während der
Regen seine klaren. Gleichmäßigen Frisuren an
Die Zimmer hält. Und ich wieder mehr Zeit
Habe. Mich an eine beliebige Jahreszeit zu
Gewöhnen. In denen klare gleichmäßige
Frisuren. Für mich eine Rolle spielen. Bis deine
Hände an den Ohren. Nicht mehr das
Wendelnde Silber beenden.

WENN ICH WAS BEGRIFFEN HABE, dann das.
Man sollte das mit den Erinnerungen nicht
Übertreiben. Sicher, sie trug in der Metro
Ihre Haarspange verkehrt rum. Ihr
Hinterkopf war nicht so angelegt, dass sich
Bei normal getragener Spange etwa sein Alter
Um eine angedeutete Umarmung verschlechtert
Hätte, aber das ist eine richtig feste
Grundregel aus der Architektur, Metall
Sammelt mehr Licht zu sich heran als
Plaste.

NICHTS, WAS VON DEN ROTEN,
Zerbrochenen Lokomotiven im Hafengelände
An Gott erinnerte. Balzar
Von Platens Gata 48. Es geht nicht ohne dein
Stockholm, Marie. Als hätten die Züge noch
Im letzten Moment daran gezweifelt, dass eine
Normale Fähre nicht in der Lage wäre, ihren
Tunnel genau dort über den Steinrand zu
Schieben, wo die richtigen Schienen schon
Praktisch zu Ende sein sollten.

VI

Rein theoretisch adieu

Gloryas wirklicher Schnee, zweites Krankenschwestergedicht

Fischbefestigungen in Cafés

Die Haare, der Horizont ohne Sekunden

Liou Liou

Levenique

Mamong

LONG, LONG BLEU. Muss es wirklich ein
Stückchen Schnee sein, Missis. Ginge dieser
Knopf hier nicht auch. Steig aus. Steig endlich
Aus. Das wird gar nichts. Ich will mit dir
Schlafen üben ohne abzusetzen. Es geht nicht.
Es geht gerade wirklich nicht. Du weißt doch,
Die Tage. Das schadet doch nichts, kleine
Krankenschwester. Nur Mut. Nur zu. Damit
Nicht wieder alles eingesaut wird, habe ich
Genügend dünngeschabte Steine zum
Drunterlegen mit. Wir müssen sie vorher nur
Ein wenig auf den Ofen schieben, bis sich die
Hitze aus den Kacheln zu ihnen rübergespannt
Hat. Und du wirst sehen, wie sie den Geruch
Von Strand entwickeln, Flachwasser, sauber
Rausgetrennte, ozeanische Organe. Hol dir
Nichts mit den Nieren, Missis. Strand hat den
Geruch in See geschleuderten Grases, vermengt
Mit dem wuchtigen Öl leer geschaukelter
Maschinen, ein fauliger Wind in der Takelage,
Limonenlauge, südlicher gehts nimmer, ein
Mürbes Reißen. Schweiß und Salz gehen zu
Boden. Schweiß und Salz knallen nicht beim
Aufsetzen. Die Besatzung kann noch immer
Nicht von Bord, denn die Hafenstädte rings
Hinter ihnen unterscheiden sich nicht
Wesentlich von herkömmlichem Wasser,
Hinlänglichem Ozean. Vögel bedeuten Land in
Der Nähe. Flugzeuge bedeuten Land auf beiden
Seiten und dass es unsinnig wäre, nur mit den
Füßen allein, die Rücken der Fische zu prüfen.
Davon gehen sie nämlich ein. Wucherungen,
Seidenspiel. Strand hat einen Untergang, als
Wenn von Deck aus Fohlen gebadet werden,
Schlammgold, helles, angeschwollenes Holz. Es
Ist ganz allein dein Ding, wenn du so etwas
Primitives schon für Horizont hältst, denn
Horizont ist immer was mit noch weiter hinten,

Abendaustauscher, rohe, eingesackte
Wetterfront. Tiefer geht es aber nicht oder willst
Du etwa in Afrika wieder rauskommen. Steig
Aus. Steig endlich aus, nur noch ein letztes,
Vorletztes Mal. Das wird gar nichts. Das ist das
Ende, der Abgrund, long, long, bleu, muss es
Denn wirklich unbedingt ein Stückchen Schnee
Sein. Nicht unbedingt. Aber ein Knopf ist doch
Ehrlich noch weniger Schnee, als der kleinste
Splitter Milch, im oberen Drittel deines Kittels,
Kleine Krankenschwester. Das ist das Ende. Das
Ist der blanke Hass der Steine. Wir haben ja
Nicht auf sie gehört. Beim Drunterlegen. Hol
Dir nichts mit den Nieren, Missis. Ich kann das
Gar nicht mit ansehen. Dieses Heben und
Senken. Hör auf zu atmen. Es ist nicht gut für
Die Augen. Dieses Heben und Senken. Lass dein
Verboten gebogenes Blut nicht über den Rand.
Es hat mir noch nichts getan. Dein Blut. Es soll
Sich nicht so haben. Von wegen immer nur das
Eine. Es gibt doch noch den Wind. Doch
Immerhin den Wind. So gleichgültig verlassen.
Wohin wir uns auch drehen. Dass wir mit
Augen hassen. Was wir im Liegen sehen.
Wohin wir uns auch wenden. Weil unsere
Grellen Finger. Beinahe noch im Stehen. Mit
Jedem Strich das Licht und jeden Schnee,
Der nicht direkt
Zum Kopf gehört,
Beenden.

ICH NEHME ALLES ZURÜCK. Nizza, die
Berge, das Meer, den Wechsel der Ebene in
Schneegebiete, ich schleife die Schiffe an den
Haaren über die Felsbänke, flache,
Energische Kristalle, Metallrückstände,
Kabinenwurzeln, sinnloses, stockendes
Weiß, dem Alter nach nicht von hier,
Mondänes Tennisgeklimper mit Küste und
Harten Möwen, ich nehme alles zurück, die
Seife mit dem versunkenen Frauennagel, die
Fünfhunderteinser von hinten, schwarzer,
Strenger, nach unten hin abzuschöpfender
Rahm, die sentimentale Schwächung der
Augenrinde, kein Blut geht zu Bruch, kein
Ähnliches Scheitern will schmaler werden,
Das Schwarz, nur für sich, beschlagnahmt die
See, die höflich gewölbten Buckel des
Erdschaums, Lehmbauweise, gefällige
Hütten, warm, brüchig, platzen nicht,
Springen nicht, klaffen nicht, vergiss nicht,
Liou, in welcher Augenhöhe wir die Wörter
Auf uns hetzten, die mit dem jungen
Deutungsplasma, es ist noch ganz warm und
Muss frisch gegessen werden, siehst du, du
Gehst, dabei wollte das Scheitern nur
Fingertausch, ich nehme alles zurück, den
Verdünnten Fleischnebel von den Brücken,
Das sind die Frauen, mit denen man sich,
Schon von der Mitte her, die Nacht
Ausgemalt hat, Frauen, nur noch geschmückt
Mit der farbigen, elektrischen Bronchitis
Ihrer sich entfernenden Autos, flache,
Energische Kristalle, Metallrückstände,
Platzen nicht, springen nicht, klaffen nicht,
Vergiss nicht, Liou, ich nehme alles zurück,
Alles, bis auf das angewinkelte Bein der
Tänzerin, das Knie an das Führungsholz

Gepresst, zum Abstützen, vor dem Spiegel,
Damit die Tänzerin sieht, dass es auch ohne
Abstützen gehen würde.

LITTLE, LITTLE NORMANDIE, dein Stadtteil,
Liou, ein korrekter Ozean bläulich
Auseinandergestocherter Fensterblenden, denn
Du wirst morgen Abend kommen, weißes
Aprikosenband, unvollständige Dämmerung,
Das hast du doch immer so gemacht, abends
Kommen, und ich aber, doch ich werde ein
Kleines Schiff aus der entblößten Schublade
Heben, ich werde es Klein Zaches nennen, ich
Werde es, bevor ich damit auf dich ziele, von
Diesem Fenster aus, noch baden, noch einreiben
Mit pflanzlichen Ölen, damit es nachher, wenn
Du die little, little Rue so gelangweilt
Heraufschlenderst, nur so flutscht, denn ich
Werde meinem Zeigefinger ein Stahlkäppchen
Aufsetzen und damit das Bullauge der vierten
Kabine von vorn eindrücken, eindrücken bis
Zum Innenschutt, und dann werde ich
Versuchen, die vierte Kabine von vorn, im
Ganzen, an mich ranzuziehen, das wäre dann
Das Abdrücken, mein Zeigefinger würde
Sinnlos leer bis zum zweiten Gelenkabschnitt
Durch die gesplitterte Luke in die Kabine
Hängen, schief, und du, meine logische Liou, du
Würdest es noch nicht mal für nötig halten,
Wenigstens umzukippen, zu schwanken,
Anzudeuten, dein Oberkörper neige sich mit
Hilfe deines blind nach unten baumelnden
Armes, für einen kleinen Moment auf dieser
Straße, die natürlich nicht wissen kann,
Dass bläulich aufgestochene Jalousien sehr
Nachtragend sind, wenn es weiter unten
Nicht spritzt, also leg dich schon hin, Liou, es
Wird dir nichts Unvollständiges passieren, denn
Klein Zaches steckt in meiner Brust, dass es
Dunkel flackert, nur so abläuft, seit wann kann
Ein Herz stottern, wenn es gefragt wird, Liou,
Hat es das von dir, ich sag doch nur, Klein

Zaches übertreibt jetzt aber, mein Rücken ist
Doch kein Wasser, das man um jeden Preis
Durchbrochen haben muss, gut, ich gebe zu, ich
Habe das Schiff aus der Schublade gehoben, ich
Habe es Klein Zaches genannt, um hier, von
Diesem Fenster aus, auf dich zu zielen, es
Gebadet, es eingeölt, ihm gut zugeredet, gleich,
Gleich, little, little nur ein wenig Geduld noch,
Aber das Schiff aus der Schublade blieb trotz
Des Öls krumm, hilflos, buckelig, und du, Liou,
Liou, du hast es noch nicht mal für möglich
Gehalten, so gelangweilt wie nötig das
Kutschenpflaster, blank, zu betreten, das machst
Du doch sonst immer so, abends, wenn ich
Gerade nachsehe, ob wirklich alle Schiffe noch
Da sind, und was soll ich dir sagen, Liou, sie
Sind wirklich noch alle da, jedes Mal ein
Anderes, und ich bin es diesen Schiffen einfach
Schuldig, dass ich sie einmal am Tag aufrichte,
Ihnen das Gefühl gebe, sie balancieren ohne
Stützräder auf einem korrekten Ozean, einem
Ozean von früher, ohne schürfende Städte im
Nacken, sie aufrichte und ihnen Namen gebe,
Dazu lege ich eine leere Flasche quer über ihre
Leiber, betäube sie bis zu den ersten Schlaflinien
Mit einem harten Gegenstand, drücke die
Schublade heftig in ihre Eingeweide zurück, bis
Ich es unterirdisch splittern höre, das ist der
Sturm auf See, das sind die an Deck
Geschleuderten, geklatschten, maßlos
Angerauten Wellen, aber nur das Schiff wird
Auf einen Namen getauft, auf dessen Oberdeck,
Beim ruckartigen Vorschleifen der Schublade,
Sich nur noch die Wasserstücke bewegen, die
Nach oben gebogen sind, auf dem Rücken
Liegen, die Stücke, deren Form noch am ehesten
Der gedehnten, auslaufenden Rundung normal
Überknickter Wellen entspricht, ich bin es

Diesen Schiffen einfach schuldig, dass ich sie
Einmal am Tag, abends, und jedes Mal ein
Anderes, aus ihrer Versenkung hebe, sie der
Fließenden Strenge herkömmlichen Lichts
Aussetze, sie durch die Rippen der Jalousien
Steche, bohre, bis die Lichtmasten knicken,
Flach auf die Kommandobrücke schlagen, Taue,
Bootsfetzen, Kajütendecken, Klein Zaches, dein
Buckel ist ja gar nicht gefüllt, wenn man ihn
Aufbeißt, den Hahn spannt, den Schornstein
Nach hinten reißt, Rauch und Aprikosenband,
Den Finger am Abzug, im Sinne von Glas und
Metall, und der Bedeutung von Glas und Metall
Für das Gesicht, dem tuckernden Rauschen im
Rahmen des Kopfes, auseinandergestocherte
Fensterblenden, dein eines, weißes
Aprikosenband, Liou, und die korrekte,
Unvollständige Dämmerung der verschiedenen,
Wenn es hart auf hart kommt, hellklaffenden,
Schulterblanken Stadtteile deiner Straße.

Für Ulrich Zieger und die
Fenster in den Hasshäusern

Die Seltenheit der Dagewesenen.
Holzapparate an Flüssen sind immer die
Geeigneten Tiere für eine schonungslose
Legende. Aufrichtig, nass, enthaltsam. Dein
Lächeln bei dem Substantiv Hotelseife. Kleines,
Dumpfes Industrieformat, das immer dann
Seine Bewandtnis hatte, wenn nur das
Wichtigste zusammengesucht wurde, für einen
Hastigen Aufbruch ohne reguläre Badeartikel.
Schmelzen, schäumen, kleiner werden. Dann
Schon eher doch nur mit Wasser. Das schmilzt
Nicht, schäumt nicht, bleibt für einen kleinen
Augenblick gleichgroß, wenn du versuchst, es
Mit engen Händen einzufangen, über das
Becken gebeugt, es einzufangen und mit seiner
Treuen, ovalen Fläche der Form des Gesichts
Anzupassen. Und das Wasser auch nur für den
Augenblick gleich groß, in dem du unschlüssig
Bist, ob das, was in deinen Händen immer noch
Ansteigt, schon ausreicht, flach genug dein
Gesicht zu umbranden. Wintermonate, straff
Gebündelte Gärten, eitles Meer, Hotelhüfte,
Weißer, weißer Küstenknochen, der übersteht,
Wilder, hinausgezögerter Flur, die Bleistiftlinie
Des Architekten, mitten durch die Glasfront,
Für nichts und wieder nichts, weit über das
Wasser, dabei halten helle Steine nicht allein von
Sich aus nur an Bleistiftlinien, lösen sich und
Gehen unter, die letzten, sinkenden Stoffe dieser
Art. Gewiss sein letzter südlicher Auftrag.
Danach nur noch Entwürfe für Trinkbottiche
Und Fischbefestigungen in Cafés, glitzerndes
Hochseegeröll in getrockneten Abständen. Das
Träumt so. Wird gleichgroß. Hat Licht bei,
Lyell, Lyell ist die Hautfarbe einer Person, die
So nicht wieder vorkommt. Lyell ist Taximünze,
Muschelheber, Spielzeugkuss. Lyell ist die
Einzige Verbindung nach Delvanar. Delvanar

Zu beschreiben ist unmöglich. Es existieren
Keine Photos, keine jemals gehörten Geräusche
Von dort. Denen, die es wohl tatsächlich
Geschafft haben, bis an Delvanars
Grenzverliese vorzudringen, wurden die
Kameras und Tongeräte sauber aus ihren
Halsverankerungen gerissen und in Tonnen
Geworfen, Tonnen mit Teer gefüttert, Tonnen
Mit Teer gefüttert und entzündet, schwerer,
Hochgestriegelter Rauch, bunte Geräte, die sich
Unter Aufsicht und in strömender Hitze zu
Einer einheitlichen Farbe verbünden, nichts
Mehr mit Plaste, mit Leder, mit Leichtmetall,
Und Leder, Leder noch mit einem Stückchen
Hals dran, damit es ihm auch wirklich an nichts
Fehlt. Abgeschürft, Zimmeruntermalung.
Zimmeruntermalung ist, wenn du mit Faserstift
Versuchst, auf deiner freigeschobenen Eichel
Eine Art Symbol unterzubringen, eine Art
Bezeichnungstrost. Aber das trifft jetzt nicht
Mehr zu, Lyell, Lyell ist Umdrehung, Lyell ist
Nur mittags, Lyell ist der Wunsch, das Ende der
Reise wäre als Stadt unter Brücken trotz
Knöpfen schon freigelegt. Es geht nicht an, nur
Das, was zuckt, für einmal in dein Blut zu tun.
Massier mir den Rücken. Ist das der Rücken.
Lyell, ich habe Lyell gesagt. Und der Architekt,
Der Architekt lässt seine Bleistiftlinie mit allem,
Was noch an ihr dran ist, auf einen Transporter
Laden, Steine sind noch dran, Glassplitter sind
Noch dran, ein Flurläufer ist noch dran, ein
Zimmermädchen mit straffer Vormittagshaut ist
Noch dran, das Zimmermädchen, das barfuß am
Ende des Läufers dachte, zwischen all den
Jungen, aufgebrachten Scherben dieser Gegend,
Eine Etage, eine Etage, die hinten offen selbst
Durch Meeresvögel weitergeht, kann noch nicht
Fertig sein. Und der Architekt lässt seine

Bleistiftlinie mit allem, was noch an ihr dran ist,
Vorsichtig und ohne sie zu drehen, herunter,
Ohne sie auch nur im geringsten zu drehen,
Selbst der Versuch, sie wirklich nur
Geradezuhalten, wäre schon Bewegung, denn
Das Zimmermädchen am Ende des Läufers
Würde doch durch einen Sturz von oben an den
Phyllisrosen ihres Leibes frisch beschädigt
Werden, Rosen, Rosen, immer wieder nur
Rosen, beherrschst du denn gar keine andere
Blumen. Aber ich meine doch braune Rosen,
Und die zählt man in Fachkreisen schon zu den
Unterentwickelten Bäumen. Aber lenk nicht ab.
Lass uns den Transporter nicht aus den Augen
Verlieren. Denn was könnten wir schon groß
Tagsüber allein auf der Straße zurücklassen,
Ohne, dass es gleich wegkommt. Eine Schaufel
Vielleicht. Die braucht keiner, vorsichtig, ohne
Sie mit den Füßen anzustoßen, geschweige denn
Mit den Schuhen, langes, hingestrecktes
Kontaktholz, wer weiß, wer damit nicht schon
Alles gespielt hat. Gespielt und seine Seiche
Daran abgewischt, gelbe Stelle, das
Zimmermädchen am Ende eine gelbe Stelle über
Der Schulter, entweder ist sie nur ungeschickt,
Oder sie behält ihre Krankheiten ganz für sich
Allein. Und die hellen Steine, die hellen Steine,
Das gibt ein Fest, lösen sich von der
Bleistiftlinie, versinken nacheinander in den
Fluten, aber stapeln sich auf ihrem Weg zu
Schief und lautlos. Nimm deine Bleistiftlinie,
Architekt, mit allem, was noch an ihr dran ist,
Und verlass auf Anhieb diese Küste, die ist
Nichts für dich, einen Hauch zu groß, kein
Hoher, dauerhafter Ort, um genügend Licht aus
Nassem Lehm zu pressen. Das geht nur immer
Hoch. Das geht nur immer runter. Das träumt
So. Wird gleichgroß. Wintermonate,

Holzapparate an den Flüssen, normal gesetztes
Hotel, keine sichtbaren Außenstände, kein
Tropfendes Flurgedärm aus der Seite, rot,
Schlaksig, eine eiserne Seifenration, ohne
Beinpflegende Substanzen, pro forma,
Unausgewickelt am Beckenrand. Die
Wintermonate eher vordergründig konstruiert,
Das helle, aufrechte Brodeln der Blumen, das
Knirschen einer enthäuteten Parkfläche, blanke,
Abgewetzte Kiesel, übertaute Limousinenfront.
Das Zimmermädchen, barfuß, zwischen all den
Jungen, aufgebrachten Scherben dieser Gegend
Kann nicht mehr, soll sie doch endlich von dort
Oben runterspringen, sich ausruhen, die
Wesentlichen Splitter entfernen, sie hat es
Verdient. Sie sollte nur die Betten abziehen im
Eckzimmer, vormittags, aber daraus wurde
Dann mehr. Soll sie sich doch ausruhen. Die
Wesentlichen Splitter entfernen. Würdest du
Dich auf eine Frau legen, deren Füße vor lauter
Bleistaub schon ganz bitter schmecken und
Dazu auch noch schmal und unvergesslich
Bluten. Du stehst auf, dein Rücken ist
Verschmiert, denn sie hat ihre Beine
Hochgenommen, angewinkelt, über dir
Zusammengeführt, eng geschlossen, die Füße
Mit den Hacken über deinem
Wirbelsäulenanfang abgelegt. Du bist jetzt der
Verwundete. Adieu, Rückenhaut, aber du musst
Dann auch schlafen in deinen beiden Farben.
Und das Zimmermädchen wird sich angeekelt
Wegdrehen. Denn eigenes Blut an fremden
Körpern hat nicht mehr so den Reiz des
Unbekannten. Steh auf, ich sage dir auch nicht,
Wie du von hinten aussiehst. Soll sie sich doch
Ausruhen. Die wesentlichen Splitter entfernen.
Sich hinkauern. Die gelbe Stelle an ihrer
Schulter von hinten am Fahrerhaus kühlen. Ich

Habe gehört, der Schmerz hört auf, wenn du
Deine Krankheit fest genug an irgendein Metall
Drückst. Da hört für einen Augenblick das
Gelb auf, wird durch die Kraft beim Pressen
Rötlich unterwandert. Hast du dich schon bis
Zum Anschlag von der Küste verabschiedet. Bis
Zum Anschlag heißt, das Licht über dir geht
Erst aus, wenn du deine Fahrertür nicht einen
Deut dichter mehr an deinen Sitz heranschleifen
Kannst. Du hast dich jetzt genug ausgeruht,
Zimmermädchen. Stell dich wieder an das Ende
Des Läufers. Lass uns vorsichtig losfahren.
Dahin, wo ein wilder, hinausgezögerter Flur
Über einer Landschaft noch wirklich gebraucht
Wird. Weg von der Küste. Ich habe sie satt,
Diese massiven Wasserflächen. Die
Einheimischen nennen diesen Weg ins
Landesinnere Lyell, wenn sie aber was
Getrunken haben Delvanar, Delvanar, die
Grenzverliese ohne flachen Himmel drauf, die
Brennenden, mit Teer gefütterten Tonnen davor,
Ein hochgestriegeltes Feuer aus geschmolzenen
Kameras und Tongeräten, junger, aufgebrachter,
Fanatischer Rauch, dahinter helle,
Ineinandergefügte Mauern, von weitem
Scheinbar ohne Dächer, dafür aber mit Löchern,
Menschengroßen Löchern in den Wänden, oben
Und unten, gleichgroß, kranke Nachahmung
Baulich festgelegter Zivilisationsdetails, als gäbe
Es noch immer nicht genügend abendländische
Fensterbretter, die zum Warten wie geschaffen,
Genau in Geschlechtshöhe in die Wände
Eingelassen sind. Dabei entscheidet doch erst
Das Warten, eng, an einem Fensterbrett,
Darüber, wer im Ernstfall, wenn das Holz
Schon tief ins Organ drückt, wirklich kommen
Soll. Die Einheimischen nennen diesen Weg ins
Landesinnere Lyell, und Delvanar, wenn der

Fusel über die träge Sehnsucht ihrer Augen
Triumphiert hat. Lass uns doch vorsichtig
Losfahren. Dahin, wo ein Flur über einer
Landschaft noch hoch gehandelt wird, als
Balancierlinie über diesen Grenzverliesen. Mit
Den brennenden Tonnen davor. Vor diesen
Grenzverliesen Delvanar. Dichter heran, noch
Dichter heranfahren, mit dem Bug des
Transporters die Brustkörbe der Wächter, bis es
Knackt, bis es knackt mit Stoff drum, an die
Flackernden Tonnen heranquetschen, bis sie
Überschwappen, umkippen. Flaches,
Auslaufendes, eintöniges Feuer, schmelzende
Taximünzen, roter, schlaffer Muschelheber,
Gesprungener Spielzeugkuss, dichter heran,
Noch dichter heran fahren, quer über die
Splitternden, von Teer verkrusteten Leiber der
Wächter, Brust, Bauch, Rücken, alles eins,
Schlamm ohne Knochen, derbe Hautsäcke mit
Treibenden Bohlen drin, sie hätten nur zur Seite
Zu gehen brauchen, aber dann hätten sie
Sicherlich für den laufenden Monat Münzabzug
Bekommen, wir sind so treu und schüchtern auf
Sie losgefahren, als würden wir voller Ehrfurcht
Vor den qualmenden Tonnen in ihrem Rücken
Innehalten, als würden wir im letzten Moment
Vor ihnen stehen bleiben, aber das sind wir
Nicht, es waren gute Wächter, und wir wollten
Doch nur die Bleistiftlinie ablegen, vorsichtig,
Ohne sie zu drehen, über den hellen,
Ineinandergefügten Mauern, die Bleistiftlinie,
Die Bleistiftlinie mit dem Zimmermädchen, mit
Dem Zimmermädchen, barfuß, am Ende des
Läufers, am Ende gar über den hellen, über den
Hellen, ineinandergefügten Mauern Delvanars,
Als Dach, wenigstens nur angedeutet als Dach,
Nur schmaler Bleistaub, hoch, die
Balancierlinie, die Balancierlinie für kleine,

Weiße, bitterschmeckende Vormittagsfüße,
Vormittagsfüße, die nur für ein Eckzimmer
Vorgesehen waren, ein Eckzimmer, das draußen
Einfach quer durch Meeresvögel weiterging,
Meeresvögel, deren Art und Weise, eng und auf
Dem Wasser leibchenwarm
Zusammenzurücken, den hellen Steinen
Entsprach, die unter ihnen angesiedelt waren,
Angesiedelt als Markierungsfläche, als
Markierungsfläche für das Zimmermädchen, für
Das Zimmermädchen, das dachte, solange noch
Die Steine von unten wackelig, bleich
Heraufströmen, solange ich nur diese weichen,
Nach allen Seiten hin gedehnten Steine auf dem
Wasser betrachte und gar nicht erst versuche,
Mir durch diese flackernden Bilder hindurch die
Festen, unbeweglichen Umrisse der wirklichen
Steine dort unten vorzustellen, denen
Schwindelig werden würde bei dem Gedanken,
Dass die Wellen weiter oben ihre maßlos
Schimmernden Leiber auseinanderwühlen, die
Satt und gleichgroß im Sand stecken, ohne sich
Zu rühren, seit sie als zu schwere Brocken eines
Flures in die Fluten sackten, solange ich das gar
Nicht erst versuche, solange geht auch diese
Bleistiftlinie noch weiter, eine Bleistiftlinie,
Flach über den Mauern Delvanars, heftig aus
Einer Hotelhüfte hervorgebrochen, ein weißer,
Weißer Küstenknochen, nach dem niemand
Verlangt hat, behutsam ins Landesinnere
Transportiert, über Wänden abgelegt, abgelegt
Zum Blancieren, über Wänden, über Wänden
Mit menschengroßen Löchern drin, konzentrier
Dich, Lyell, es reicht, wenn ich jetzt an
Hotelseife denke, lächle nicht, die braucht jetzt
Keiner, balancier weiter, ein kleines
Vorstadthotel wäre das Ende, da kümmert sich
Der Portier erst dann um die fremden

Schriftzüge in seinem Buch, wenn es wirklich
Lauter geworden sein sollte, balancier weiter,
Aber schau dabei nicht nach unten, lauter als
Normal, nicht ganz nach unten, versuch dich
Auf den Steinvorsprung mit den Eidechsen zu
Konzentrieren, die brauchen doch auch keine
Hotelseife, sie würden in deinen Händen
Glänzen ohne zu stinken, probier das jetzt nicht
Aus, ich habe das nur so gesagt, konzentrier
Dich, solange du nur auf die weichen,
Buntgedehnten Rücken der Eidechsen achtest
Und gar nicht erst versuchst, ihre scheinbar
Aussichtslosen Fluchtmöglichkeiten mit der
Wirklichen Fläche ihres Vorsprungs in
Verbindung zu bringen, und ohne, dass sie beim
Versuch, ins Mauerwerk zu spritzen, nur
Unbeweglich ausgeruht an ihrer Plattform
Kleben, solange konzentrier dich auch noch
Auf den Steinvorsprung und darauf, wie diese
Weichen, buntgedehnten Rücken auf dieser
Aussichtslosen Fläche einmal angeordnet
Waren, flach, über den Mauern Delvanars,
Balancier weiter, sieh nicht mehr nach unten,
Geh bis ans Ende des Läufers, setz dich an den
Rand, die Augen aber weiter nach oben, ruh
Dich aus, steh auf, setz dich, leg dich auf die
Seite, wird dir schon schwindlig, dreh dich auf
Den Bauch, aber den Kopf in den Nacken, die
Augen nach oben, jetzt auf den Rücken, nur den
Kopf nach hinten, über den fransigen Rand des
Läufers geknickt, aber schau nicht ganz nach
Unten, versuch dir aus dieser Lage heraus, die
Dagewesenen Eidechsen einmal anders rum
Vorzustellen, mit dem Rücken auf der
Plattform, als wäre das richtig herum, der
Himmel von unten nach oben aus braunem,
Hochgestriegeltem Gestein, genau bis an die
Tierrücken ran, und je mehr Blut auf diese Art

In deinen Kopf sackt, umso mehr ähnelt das,
Was an Himmel schief über dir flimmert, der
Aussichtslosen, zerklüfteten Geometrie eines
Felsvorsprungs, lass deinen Kopf weiter nach
Hinten übergeknickt, ich möchte sehen und
Zählen, wie gelöst deine Halsadern musizieren,
Über soviel Abgrund, denk dabei immer an
Unsere Holzapparate, aufrichtig und
Enthaltsam, unten, unten an den Flüssen, ohne
Zu schmelzen, ohne zu schäumen, ohne kleiner
Zu werden, und so wüsste das Wasser im
Ernstfall immer, wo es wirklich hingehört,
Flackernde, maßlos schimmernde
Kontaktfläche, streng dich nicht mehr an, deine
Augen treten schon vor, sieh nicht weiter nach
Unten, dein Hals ist längst ein violettes, straff
Gebündeltes Orchester, du hast auf halber
Höhe, auf einer eingerückten Felsplatte,
Delvanars einzige, bunte, spritzende
Bewegungen wahrgenommen, du hast
Eidechsen zu ihnen gesagt, konzentrier dich, sei
Am Ende der Reise einen kranken, schlaffen
Moment lang meine mit Zimt und Patchouli
Überdauerte, blutende Notte, Notte Lovesong,
Notte Levenique, lass die Wörter, das Reden
Strengt dich zu sehr an, atme dafür lieber etwas
Mehr, ja, ich werde mir deine Strumpfbänder bis
Zur farblich reagierenden Hautreizung um das
Linke Handgelenk schnüren, als eine Art
Symbol, Levenique, ich werde mich weiter um
Deine Vormittagsfüße kümmern und um dein
Zart gebrochenes, bretonisches Genick am
Ende des Läufers, der Abgrund, die Steine, lass
Die Wörter, atme dafür lieber etwas mehr, was
Ein letztes Mal, was meinst du, (massier ein
Letztes Mal meinen Hals, auch wenn er davon
Nie mehr richtig zweifarbig wird. Mein Hals
Liegt aber weiter oben.) Du hast ja so recht,

Levenique, weißt du, warum ich mich nicht
Getraut habe, ihn auch nur im geringsten
Anzutasten, die Haut über deinem Kehlkopf ist
Bis zum Reißen gespannt, wirkt aber so straff,
Als würde sie immer noch darauf achtgeben, dass
Kinn und Kiefer den Bogen, vom Brustknochen
Aus gesehen, nicht überspannen, und nur dieser
Festigkeit deiner Haut ist es zu verdanken, dass
Dein Hinterkopf noch weit genug von
Delvanars Felswänden entfernt hängt, jedenfalls
Noch so weit, dass keines der menschengroßen
Häuserlöcher deinen Haarschopf, nur bei Nässe
Und Brandung schwarzes, schwergebeiztes
Hinuntertrudeln, dass keines der häusergroßen
Menschenlöcher deinen Haarschopf, in seiner
Maßlos schimmernden Gestalt, jemals ganz in
Seine Mitte schleift.

Für Christoph Meckel nach Remuzat

DAS ENDE DIE NÄSSE DIE WEITE. Den
Anblick gescheiterter Engel verträgst du nicht
Lang, deine Augen werden zu laschen
Überläufern, aufgefangener, sentimentalischer
Trotz, ihre Bewegungen entsprechen den
Regungen der Gestalten in offenen Steinen,
Disziplin und Seide, schlafend, über Büchern,
Die Szene mit der vergeblichen Japanerin im
Ersten Moment ihrer Haare, gebändigte,
Brodelnde Tischlava, schwarzflimmerndes,
Blauschattiges Schwarz, die einzige sinnvolle
Methode ohne Tusche, einen überfluteten Tisch
In seiner maßlos elementaren Beschattung zu
Zeigen, den Tischkanten passiert dabei nichts,
Sie knicken die apathischen, asiatischen
Strähnen nur im Winkel nach unten hin ab, aber
Anfassen darf man doch wenigstens, lass es,
Versuch es einfach weiter, in gebührendem
Abstand, mit der Lippenseite deines Kopfes,
Dieses Sprechen, das Benetzen, das Beißen,
Interesse und Illusion, du stellst dir alles, was du
In deiner Nähe siehst, nackt vor, einen Stuhl,
Einen Obstkorb, ein Hängeradio von früher,
Und du wirst sehen, das einzige, was einen
Halbwegs erotischen Eindruck auf dich macht,
Kann nicht mehr ohne Metall sein, die
Aufgewickelte Kupferspule aus dem
Musikapparat, seit dem liegengebliebenes Haar
Keine ernstzunehmende Jahreszeit mehr ist,
Scheint alles austauschbar geworden, Ende
April, siebter Mai, Anfang Juni, der Helligkeit
Passiert dabei schon nichts, das Ende, die Nässe,
Die Weite, aber deine Engel, deine Engel
Können einfach nicht mehr, sie bluten, sie
Stottern, sie hinken, ihre Hände in schäumender
Blässe, ihre Flügeltechnik wäre das Abwinken,
Aber nur auf einer Seite, und von Weitem könnte
Man denken, dein rechter Unterarm, der noch

Einmal richtig aufblüht, baumelnd, nach dem
Ausrenken, schlichtet die Luft und den Staub,
Ohne im geringsten zu schlottern.

VON ALLEN TÜRMEN UND SCHIFFEN Auf
Dem Lande sind mir die Pferde noch am
Liebsten die einzige Seuche Mamong die einzige
Ausländische Sucht die ich dir nahtlos zugesteh
Schon halb auf atlantischer Seite wenn du dort
Draußen bei Wind noch alte Luft in deinem
Mund mit feuchter Wärme zügelst die einzige
Seuche Mamong ist die geschlossene Weite im
Becken des Nebels vom Hafen ist der mit
Abstand am längsten je von Europa entfernte
Schief aus dem Himmel gesenkte der
Wahnsinnige der aus allen Festlandshalmen
Gerissene dieser wahnsinnig dürre so hell
Aneinander herunterzüngelnde der rein schon
Vom Kontinent aus den ich dir zugesteh von
Scheinbar allen einheimischen Fischerbooten
Ferngelenkte Landregen auf See.

ANMERKUNGEN

Das Gedicht *Gib deinen Augen das letzte gegen fünf* ist nach einem Abend mit einer Frau entstanden, der ich vorher versprochen hatte, mich zwei Stunden lang um nichts anderes als nur um ihre Beine zu kümmern.

Die Gedichte *Ethereas gottverlassenes Haar*, *Die Wucht der Müdigkeit des Vaters in dem Sohn*, *Ein deutscher Schnee* und *Die Seltenheit der Dagewesenen* sind als Auftragsarbeiten erstmalig in den Programmheften der Bayerischen Staatsoper in München erschienen.

Die beiden Krankenschwester-Offenbarungen *Motel blue* und *Long long bleu* zu schreiben, war nach dem Film *Die Insel der Dickhäuter* von Jean-Jacques Beineix schon fast ein Gesetz.

Die Nizza *Gedichte* sind für Birgit in der Rue Galléan. »*Nur Nizza und die Tavernen vertrage ich nicht so ganz zusammen, die finden sich vielleicht auf griechischen Inseln ...*«

Den Text *Wenn wenigstens dein Schauen, Orydide* verdanke ich der Lektüre *der Frankfurter Vorlesungen* von Peter Sloterdijk.

Die Idee zu dem Gedicht *Der Grundgedanke von Nässe* stammt von einer einundvierzigjährigen Frau, die gesagt hat, dass sie nach dem Bumsen immer traurig wird.

Ohne die Geräusche jeglichen Meeres und ohne die folgenden Bands, Musiker und Komponisten wäre weniger Melancholie in allen Entwürfen, weniger Illusion: Pavement, Uncle Tupelo, Del Amitri, Astor Piazzolla, Nick Cave, John Tavener, Chet Baker, Mark Eitzel, Morton Feldman, Pearl Jam, Stephan Eicher, Wilco, Counting Crows, Jeff Buckley, Patti Smith, Temple of the dog, Olivier Messiaen, Charlie Haden Quartet West, Pixies, The Smith, The Black Crowes, Gene, Hope Sandoval, Dinosaur Jr., Van Morrison, dEus, Red House Painters, Eleni Karaindrou,

Markus Stockhausen, Sharon Stoned, Flowerpornoes und Tim Buckley.

Die Musik von Georges Delerue zu dem Godard-Film *Die Verachtung* war eine besonders treue Begleiterin meiner Ausführungen.

Für die Pferde, für alle Pferde in meinen Gedichten, danke ich Isaak Babel.

Die letzten Zeilen des Gedichtes *Ich nehme alles zurück* sind mir auf dem Deutschen Platz zugestoßen, als ich Ylka vor mir gesehen habe, die Leserin mit dem *Mary Wigman-Ruch*, im späten Sommer, schon halb als Tänzerin.

Die Gedichte *Ich sehe dir gern beim Nachdenken zu, Nachmittags, Eine Terrasse* und *Du magst deine enge Abwesenheit* gehören zu Beatrice.

Das Gedicht *Romanbeginn dreißigster September* hält fest, dass mir eine Sehnsucht, die jedes Jahr um die gleiche Zeit einsetzt, besonders treu geblieben ist.

Unvorstellbar, der Gedanke, dass Gedichte ohne Kinder überhaupt erst möglich wären. (Denn wenn es nichts zu beschützen gibt, lohnt es sich einfach nicht, darüber nachzudenken, ob Poesie, auch ohne diesen Instinkt, schon nur als Möglichkeit, noch langsamer, noch unabhängiger zu leben, auch wirklich sinnvoll sein kann.)

INHALT

Und ich hörte wie die Menschen · 5
Nizeser Apathie · 7
I Indianische Novelle · 9
Wer kommt hier alles vor · 10
Was die Städte wohl sind · 11
Und die Haarsträhne · 12
Was ich keinem wünschen würde · 13
Sei mal leise ich höre · 14
Mache dir bitte keine Sorgen, Liou · 15
Ethereas gottverlassenes Haar · 16
Eine Gruppe Frauen am Brunnen · 17
Gib deinen Augen das letzte gegen · 18
So kenne ich dich gar nicht · 19

II Kanton Orydide · 22
Ich sehe dir gern beim Nachdenken · 23
Mach, dass dein Haar in der Bürste · 24
Ihre rechte Hand lag leicht auf · 25
Sie können ohne fremde Hilfe auf · 26
Diese Knöchelhitze wirklich nie · 27
Lausanne-Ouchy · 28
Weißt du wovon Wasser · 29
Aber einer deiner Krieger · 30
Wenn wenigstens dein Schatten · 31

III Mittagskind und Südfrucht · 35

Meine früheste · 37
Kennst du das du · 38
Dein Junge und ich · 39
Was sind das für Stunden zwar · 40
Der letzte Tiger · 41
Um ein Haar · 42
Mutter, die Hunde, die Hunde · 43
Kann man von der Anstalt · 44
Mein Schulheft mit Zwölf · 45

Das mit dem Tiergartenwechsel · 46
Die Wucht der Müdigkeit des Vaters · 47
Vater, hast du mir einen Tagesritt · 51
Onyavelatouli · 52

IV Die blauen Seminare des Romans · 55

Ein von der Stadt verlassenes Meer · 57
Ein deutscher Schnee · 59
Wie kannst du nur denken ich · 60
Für ein halbes Taschentuch voll · 61
Nachmittags, wenn du weißt · 62
Lösch doch den zögernden Wald · 63
War ich nicht deutlich genug · 64
Ohne jede Küste, Safarell · 65
Dein Zimmer ist flach · 67
Bist du etwa die Spaziergängerin · 68
Auch wenn du selbst mich schon · 69
Motel Blue · 70

V Gedrückte Taste Lasvagnieu · 71

Romanbeginn dreißigster · 73
No deeper blue, Lasvagnieu, dreh · 74
Naftis Roman, Naftis kleiner Roman · 75
So gut müsstest du mich ja · 77
Die Nizeser sagen · 78
Eine Terrasse, schon halb an den · 79
Er hatte eine Halbtagsstelle · 80
Der Grundgedanke von Holz · 81
Ist nicht alles an getrocknetem · 82
Der Grundgedanke von Nässe · 83
Wir zählen die Krümel · 84
Du magst deine enge Abwesenheit · 85
Wenn ich was begriffen habe · 86
Nichts, was von den roten · 87

VI Rein theoretisch adieu · 89

Long, long Bleu · 91
Ich nehme alles zurück. Nizza · 93

Little, little Normandie · 95
Die Seltenheit der Dagewesenen · 98
Das Ende die Nässe die Weite · 108
Von allen Türmen und Schiffen · 110

Anmerkungen · 111